BUZZ

© 2020 Buzz Editora

Publisher ANDERSON CAVALCANTE
Editoras SIMONE PAULINO, LUISA TIEPPO
Assistente editorial JOÃO LUCAS Z. KOSCE
Projeto gráfico ESTÚDIO GRIFO
Assistentes de design NATHALIA NAVARRO, FELIPE REGIS
Revisão ANTONIO CASTRO, BRUNA PARONI

Dados Internacionais de Catalogação na Publicação (CIP)
de acordo com ISBD

Abreu, Paula
Escolha sua vida / Paula Abreu
2ª ed. São Paulo: Buzz, 2020
160 pp.

ISBN 978-65-86077-04-9

1. Autoajuda. 2. Vida 3. Escolhas I. Título.

2020-1110

CDD-158.1
CDU-159.947

Elaborado por Vagner Rodolfo da Silva CRB-8/9410

Índice para catálogo sistemático:
1. Autoajuda 158.1
2. Autoajuda 159.947

Todos os direitos reservados à:
Buzz Editora Ltda.
Av. Paulista, 726 – mezanino
CEP: 01310-100 São Paulo, SP
[55 11] 4171 2317
[55 11] 4171 2318
contato@buzzeditora.com.br
www.buzzeditora.com.br

PAULA ABREU

ESCOLHA SUA VIDA

Para Davi e Theo

Não estar morto não signifca estar vivo.

E.E. CUMMINGS

I
INTRODUÇÃO
10

II
COMO EU ESCOLHI
A MINHA VIDA
18

III
OI, QUEM É VOCÊ?
38

IV
ESCOLHA SUA VIDA
64

V
NO MEIO DO CAMINHO
TINHA UMA PEDRA
82

VI
E AGORA?
147

I
INTRODUÇÃO

1. BREVE "DISCLAIMER", OU NÃO DIGA QUE EU NÃO AVISEI!

Toda vez que você se encontrar do lado da maioria, é hora de parar e refletir.
MARK TWAIN

Cuidado. Este é um livro muito perigoso. Ele vai te incomodar porque vai destruir todas as suas desculpas para não estar vivendo, hoje, a vida que você gostaria. Vai te provar que a responsabilidade é toda sua. Ao terminar de ler, você poderá estar com vontade de largar o seu emprego, terminar o seu relacionamento, mudar de cidade, virar a sua vida de cabeça para baixo.

Vou te contar como mudei a minha própria vida, como escapei do mundo corporativo, como abandonei meu carro, como fiquei mais saudável, como criei mais tempo e felicidade no meu dia a dia. E vou fazer uma dancinha feliz sacudindo as mãos para o alto, como se dançasse jazz. Desculpa, não é por mal, mas eu não consigo resistir!

Depois, quando você começar a dizer: "Ah, mas você só conseguiu porque era xyz ou tinha xyz ou podia xyz, mas EU não sou xyz, não tenho xyz ou não posso xyz, nunca poderia fazer algo assim...", eu vou apontar o dedo no seu nariz e mostrar que você não é uma vítima do mundo, da sociedade, da sua família, do seu emprego chato. E vou te provar que você já tem, hoje, todos os recursos que precisa para dar um primeiro passo em direção à mudança.

Você vai ver que, na verdade, você escolheu a maioria das coisas irritantes, chatas e frustrantes que existem na sua vida hoje. E, a cada novo dia, você refaz essas escolhas.

O lado bom (tinha que ter um!) é que, do mesmo jeito que todo dia você refaz escolhas – muitas vezes inconscientes – que mantêm a sua vida exatamente do jeitinho que ela é hoje, a cada novo dia você tem a chance de escolher diferente. De recomeçar. De mudar.

Só leia este livro se você está disposto a seguir um novo caminho, em vez de ficar sentado esperando um super-herói qualquer vir salvá-lo de sua própria vida.

Se você está preparado para agarrar com as duas mãos essa segunda chance que o mundo te dá a cada dia, a repensar toda a sua vida, a descobrir quem você verdadeiramente é, e a escolher uma existência mais autêntica e feliz, este livro é para você.

Acesse o QR Code e baixe materiais incríveis para complementar a sua leitura:

QR Code? O que é isso?

Se você não sabe usar um QR Code, calma que eu te explico. É muito fácil. Primeiro, você deve baixar em seu celular um aplicativo que lê o código. É só digitar "Leitor de QR Code" na App Store (ios) ou no Google Play (Android) e inúmeros resultados vão aparecer. Depois que tiver baixado o aplicativo, você vai abri-lo e apontar o celular para o código aqui em cima, como se fosse tirar uma foto. Aí pronto! O celular vai "ler" o QR Code e abrir o site para você.

2. AGORA SIM, A INTRODUÇÃO

Há um descontentamento geral no mundo. De acordo com uma pesquisa recente da Deloitte Shift Index, a maioria das pessoas – 80% – está insatisfeita com o seu atual emprego. Se você está lendo este livro, desconfio que faz parte desses 80%, e que tem alguma coisa te incomodando.

Ao mesmo tempo, no mundo todo, desponta um novo movimento de pessoas que não aceitam mais se conformar com a mediocridade de uma vida sem propósito. Um movimento em que o trabalho é baseado em alegria, comunidade e contribuição.

E, olha que sorte!, você está vivo justamente agora. Você está testemunhando uma das maiores revoluções – embora silenciosa – que a história já viu.

Quando a humanidade conseguir juntar a descoberta do eu interior com a ação exterior, o trabalho, estaremos entrando numa nova fase. Nela, haverá finalmente o encontro entre os valores que têm sido buscados de forma isolada pelo Oriente (a verdade, o mundo interior) e pelo Ocidente (o trabalho, a ação, o mundo exterior).

A unificação desses valores será a grande revolução que vai gerar uma nova forma de vida.

Aposto que, se você parar cinco minutos para pensar, vai se lembrar de alguém que conhece e que recentemente largou tudo para seguir uma nova carreira, muitas vezes alternativa, e está muito mais feliz e realizado.

Este não é um livro de autoajuda tradicional. Ele não vai te ensinar a fazer amigos, ter sucesso, ganhar mais dinheiro, organizar melhor a sua casa ou ser mais produtivo. Este livro não vai te ajudar a se enquadrar no conceito tradicional de sucesso e felicidade, porque eu acredito que esse conceito é falso e precisa ser destruído.

Se você não está totalmente feliz com a sua vida hoje, já pensou que talvez não seja você que tem um "problema" que precisa ser resolvido? Que talvez não seja você que precise ser "melhorado" para se enquadrar? Talvez você só precise criar uma vida nova.

Para isso, você precisa descobrir mais sobre si mesmo, parar e refletir sobre por que não está feliz e o que pode ser feito para mudar não você, mas o mundo que o cerca.

Você só precisa escolher uma vida melhor.

3. "SE VOCÊ ENCONTRAR O BUDA, MATE-O" – *MESTRE LINJI*

Se existe um caminho, não é o seu caminho.
JOSEPH CAMPBELL

Nessa jornada para escolher viver uma vida melhor, nunca deixe ninguém – nem mesmo eu! – dizer o que "você quer", o que é ser "bem-sucedido", ou o que é "seguir a sua paixão".

Afinal, o que você quer? O que é sucesso para você? Quais são as suas paixões? Enquanto não tiver as respostas para essas perguntas – e tantas outras que encontrará ao longo deste livro –, você não poderá criar as suas próprias regras ou a sua vida perfeita.

A beleza de escolher a sua própria vida é que só você pode fazer isso. Cada um tem o direito e o dever de descobrir e definir o seu próprio conceito de felicidade.

Eu escrevo sobre o meu caminho, mas ele é o *meu* caminho. O objetivo deste livro é motivar você a encontrar o seu próprio caminho e escolher como quer viver a sua própria vida. Eu não sou sua Mestra ou sua Guru nessa busca.

Você é o seu próprio Mestre. Tudo o que você precisa descobrir já está dentro de você. Eu vou só segurar a lanterna enquanto você dá uma olhada no fundo da bolsa e procura suas chaves.

O único propósito deste livro é te fazer acordar, sair da inércia, e te motivar a se fazer as perguntas certas. São perguntas que eu mesma me fiz – e algumas que ainda me faço – no meu próprio processo de mudança. Em alguns momentos, eu posso até falar das minhas conclusões ou das minhas respostas, mas não se espelhe nisso: encontre as suas próprias respostas.

Procure no Google, busque no YouTube, leia blogs, escreva um blog, descubra outros livros, conheça pessoas, crie o seu próprio exército, a sua própria tribo, comece a sua própria revolução. Não espere que surja um Mestre. Não siga supostos Mestres.

Seja seu próprio Mestre.

Escolha sua vida.

Só depende de você.

Para seguir se aprofundando, assista:

 Como descobrir a sua verdade

II
COMO EU ESCOLHI A MINHA VIDA

1. DESPERTENCENDO EM PARIS

Aos 34 anos, eu estava finalmente em Paris. Em todas as minhas fantasias sobre a cidade, nunca tinha me imaginado chegando lá tão sozinha. Paris era romântica. Paris, a cidade do amor. A minha Paris era outra. Era a Paris de quem está perdido. Paris da encruzilhada da minha vida. Eu não pertencia a Paris, mas também não pertencia a nenhum outro lugar.

Eu já estava tão perdida que, talvez, o segredo de me encontrar fosse me perder completamente. Meu único destino em Paris era eu mesma.

Há menos de seis meses, eu tinha terminado um casamento de quase 10 anos, num divórcio complicado. Eu estava fisicamente exausta e emocionalmente destruída, mas tinha decidido manter a viagem a Paris que planejara com meu ex.

Nos últimos seis meses, eu tinha perdido metade do meu dinheiro no divórcio, tinha perdido a minha força, tinha perdido a minha paz.

Como se não bastasse, tinha logo em seguida conseguido me meter em um novo relacionamento problemático com um sujeito que, ao brincar que um dia acabaria virando personagem de um dos meus livros, se autobatizara de "o Ignorantão".

Logo antes de chegar a Paris, o Ignorantão tinha sido... bem... ignorantão comigo em Londres. Mesma cidade onde meu então chefe, bêbado e depois de vomitar duas vezes nos meus pés, tinha me chamado carinhosamente de "loira burra". Para quem não me conhece, a dica: sou morena.

Minha autoestima já tinha visto dias melhores.

Sem falar francês, fiquei em Paris por uma semana em que dias inteiros se passavam sem que eu dissesse praticamente nada a ninguém. Quando, em vez de ir à padaria na esquina pedir um croissant eu tomava café da manhã no meu apartamento alugado, horas e horas se passavam antes que eu dissesse a primeira palavra do dia.

Nunca em toda a minha vida eu tinha ficado tão sozinha.

Tinha crescido numa casa cheia, com um casal de irmãos, tinha me casado pela primeira vez aos 21 anos, e pela segunda aos 25. Nunca tinha morado sozinha por mais de seis meses. Nunca tinha viajado sozinha para lugar nenhum. Aquela era uma experiência totalmente nova para mim.

Já a sensação de despertencer me era antiga. Originalmente carioca, já tinha morado por 1 ano em Nova York e por mais 4 em São Paulo. Geograficamente, já não me sentia "em casa" em lugar nenhum.

Profissionalmente, também tinha me sentido despertencer desde sempre. Advogada, eu tinha trabalhado por 13 anos em um grande escritório e, agora, trabalhava para uma multinacional havia 1 ano. Apesar disso, nunca tinha me sentido parte do mundo corporativo. Dentro dele, me via como uma extraterrestre, um camaleão que podia, com alguma facilidade, mudar de cor e passar despercebido como se fosse outra coisa, mas que, no fundo, não fazia parte daquela paisagem.

Eu já era escritora, já tinha publicado dois livros, mas tinha um filho pequeno para sustentar e não via a menor possibilidade de escapar do mundo corporativo e viver de arte, ainda que eu sentisse a cada dia que aquele universo sugava minha alma aos poucos e me transformava em alguém que eu não reconhecia e não me orgulhava de ser.

Naquela semana em Paris, tive uma overdose de mim mesma. Afoguei-me nos meus pensamentos. Sentia uma falta absurda do meu filho. De repente, me dei conta, um tanto assustada, de que ele era a única coisa importante na minha vida. Tudo, absolutamente tudo naquele ano tinha dado errado, e não só erradinho, mas um erradíssimo cinematográfico, com dramalhão, *bullying*, muito choro e ranger de dentes. E as perspectivas para o futuro não eram as melhores.

Pela primeira vez na vida, eu tinha chegado ao fundo do poço, e, exceto pelo meu relacionamento com o meu filho, todo o resto da minha vida estava ruindo. Eu podia ouvir o barulho das rachaduras ficando cada vez maiores.

De certa forma, o fundo do poço era libertador: eu estaria feliz desde que eu e meu filho estivéssemos bem, com saúde, e juntos. E isso era razoavelmente simples de manter.

Com essa visão do que era realmente essencial para mim, veio também uma revelação inesperada: todo o resto começou a me parecer supérfluo, dispensável. Voltei para casa com uma sensação incômoda de que a vida era mais do que simplesmente me sentar em um escritório o dia inteiro e ver os dias passarem por mim. Tinha que existir algo maior!

Eu não queria mais construir a minha vida em torno do meu trabalho, mas sim construir o meu trabalho em torno da minha vida. Da vida que eu queria escolher viver. Ainda não via um caminho, mas tinha que existir um.

Para seguir se aprofundando, assista:

 O que é essencial para você?

EU NÃO QUERIA
MAIS CONSTRUIR
A MINHA VIDA EM TORNO
DO MEU TRABALHO,
MAS SIM CONSTRUIR
O MEU TRABALHO EM TORNO
DA MINHA VIDA.

2. PRIMEIROS MOVIMENTOS

Voltei para o Brasil e resolvi que precisava fazer alguma coisa. Não sabia para onde ir, mas sabia que tinha que dar um primeiro passo. Eu tinha que tomar alguma atitude para recuperar a minha vida.

Comecei a conversar com um amigo publicitário sobre montarmos uma agência de marketing. Ele já tinha uma agência, tinha experiência e tinha clientes. Ele era o mestre das imagens e eu dominava as palavras; ele estava em São Paulo e eu, no Rio; a gente era a combinação perfeita. Antes do fim do ano, escolhemos um nome e nos programamos para trabalhar naquele projeto no ano seguinte.

Aparentemente, tudo continuou igualzinho. Mas, olhando para trás, sei que foi naquele momento, quando comecei a agir, que a minha vida começou a mudar. Ainda que nada do que eu tenha planejado ali tenha se concretizado da forma como eu previa e embora mil reviravoltas estivessem por vir antes que eu chegasse finalmente aonde estou hoje.

Ali, naquele momento, eu deixei claro para o Universo que eu não aceitava mais uma vida sem propósito.

O ano novo começou e meu amigo desapareceu. Não falávamos mais da tal empresa, e era como se a ideia tivesse morrido. Mas eu já estava no modo "movimento", não podia mais ficar parada. Então, quando uma amiga me perguntou se eu teria interesse em substituí-la como diretora jurídica na multinacional em que ela trabalhava, eu disse que sim. Qualquer mudança me parecia bem-vinda.

Ela estava prestes a se mudar para os Estados Unidos, buscava uma sucessora e achava que eu me encaixaria bem na vaga. Eu vi aquilo como uma possibilidade de recomeçar em uma empresa nova, com novas pessoas.

O processo seletivo ia bem, quando meu amigo publicitário ressurgiu das cinzas. Numa segunda-feira de abril, ele me ligou, superanimado:

– Nossa empresa está bombando! Já temos quatorze clientes aqui em São Paulo, chegou a hora de você começar a tocar a sede do Rio de verdade!

– Como assim? – perguntei, totalmente surpresa com o ressurgimento dele e com novidades tão incríveis.

Ele me explicou como vinha trabalhando na empresa desde o começo do ano, como tinha conseguido fechar negócios com um grupo de investimentos responsável por uma série de restaurantes em São Paulo e no Rio, como já tinha, inclusive, organizado uma sede para a empresa no Jardins. Aparentemente, já tínhamos até uma funcionária.

Pegar no sono naquele dia foi complicado. Fiquei olhando para o teto e pensando que não conseguiria tocar por muito tempo uma empresa em paralelo com o meu emprego atual. Já tinha montado 10 anos antes uma editora e, depois de um tempo, havia constatado que era impossível viver simultaneamente a vida de empresária e de empregada por muito tempo.

Por outro lado, não podia parar de trabalhar. Tinha um filho e, principalmente depois de ter perdido metade do meu dinheiro no divórcio, não podia me dar ao luxo de ficar sem ganhar nada. Precisava continuar trabalhando pelo menos até que a empresa nova começasse a gerar alguma receita.

Eu estava presa no mundo corporativo e não via nenhuma saída.

3. O UNIVERSO SEMPRE RESPONDE

No dia seguinte, fui para o trabalho normalmente. Logo depois do almoço, meu chefe apareceu na minha mesa e perguntou se eu tinha um tempinho.

– Claro – respondi. Peguei meu notebook e o segui até uma sala de reunião. Chegando lá, vi a diretora de recursos humanos já sentada à mesa. Alguma confusão grande devia estar acontecendo.

Então, meu chefe começou um discurso pronto que não durou mais que cinco minutos:

– Bom, como você sabe, a empresa está passando por uma reestruturação e algumas posições estão sendo extintas. A sua posição é uma delas.

Pá!

– A empresa está oferecendo um pacote para todos os funcionários que estão sendo desligados, yada yada, eu sinto muito, yada yada, a fulana do RH está aqui para te explicar como vai ser o seu pacote, yada yada, o seu computador já está desconectado da rede da empresa, yada yada, você pode pedir ao pessoal da tecnologia para fazer back-up daquilo que precisar, yada yada yada...

Eu já não estava mais ouvindo.

Nunca mais voltei à minha mesa. Naquela mesma sala de reunião, entreguei as chaves do carro da empresa, o celular e o notebook. Uma colega de trabalho trouxe minha bolsa e algumas coisas minhas, e o resto depois seria entregue na minha casa por um funcionário.

Meu coração flutuava dentro do meu peito.

Depois de 15 anos no mundo corporativo, depois de um mestrado numa universidade estrangeira com nota "A" em mais da metade das matérias, depois de ter sido apontada no ano anterior como um dos talentos em destaque no Brasil por uma respeitável publicação internacional, eu estava sendo chutada para fora junto com um bolo de gente. Eu era apenas mais uma.

Por um lado, embora eu conhecesse muito bem todas as variáveis que tinham levado àquele momento, meu ego estava mortalmente ferido – e ainda demoraria um tempo para eu me tocar de quanto isso era uma bênção. Por outro, em termos práticos, era inegável a minha sorte: eu estava recebendo uma polpuda indenização para fazer exatamente o que queria, que era cair fora.

Eu tinha passado a noite anterior inteira acordada pensando em como poderia escapar do mundo corporativo sem ter dinheiro, e ali estava, naqueles papéis na mão da moça do RH, a resposta do Universo para a minha pergunta.

Apesar do ego destroçado, eu estava, ao mesmo tempo, inexplicavelmente feliz. Naquela noite saí com dois amigos, tomamos cervejas, comemos pastéis e, enquanto eles se preocupavam com o meu futuro, eu sabia – ainda que não entendesse bem como – que tinha tirado a sorte grande.

No dia seguinte, fui à praia e fiquei olhando o mar. Se aceitasse a vaga na outra multinacional, em um cargo com ainda mais responsabilidade e poder, seria "um novo começo", e eu me empolgaria temporariamente com as novas pessoas e funções. Mas, certamente, estaria entediada e infeliz dali a algum tempo.

Enquanto isso, compraria um novo carro, novas roupas, um novo computador, novas geringonças tecnológicas. E estaria ainda mais presa ao mundo corporativo.

Comecei a fazer contas e pensar nas alternativas. O dinheiro da indenização me permitia ficar uns bons meses sem nenhuma receita, tentando algo diferente. A mera hipótese de abandonar aquele mundo, ainda que só por um tempo, me encheu de uma sensação indescritível de liberdade.

Mas e se desse tudo errado? Como eu poderia pagar por todos aqueles confortos e coisas que estava acostumada? Como poderia manter aquele padrão de vida?

Naquele instante tive meu primeiro momento de clareza: aqueles confortos e coisas não me traziam felicidade. Eu não precisava de nada daquilo. Ter sido até então bem-sucedida naquele universo não tinha me trazido felicidade alguma. Tinha me dado independência financeira, claro, muitas e muitas posses materiais, mas a um preço que eu não estava mais disposta a pagar.

Passei então a repensar, ali nas areias da praia, todas as minhas conquistas materiais. E foi ficando cada vez mais claro que eu podia viver muito bem sem nada daquilo, ou com muito menos, e ainda assim ser muito mais feliz e realizada.

Aquele sucesso, de morar em um apartamento enorme com uma vista deslumbrante, andar em um carro zero imenso, usar marcas caras, entrar no shopping e poder comprar qualquer coisa sem sequer perguntar o preço, aquele sucesso não era para mim. Não mais.

Eu tinha aprendido no fundo do poço o que era essencial para mim: eu e o meu filho, juntos, com saúde. Se desse tudo errado, mas tudo mesmo, eu me mudaria para uma cidadezinha do interior do Nordeste, pagaria um aluguel ridículo, seria garçonete num restaurante de pescadores, colocaria ele numa escola pública e continuaríamos muito felizes, juntos e com saúde.

Levantei-me e andei até a arrebentação. Fiz uma pequena prece agradecendo ao Universo por todas as minhas experiências até aquele momento, por todas as pessoas maravilhosas que tinha conhecido advogando, por todas as oportunidades que me tinham sido dadas e por tudo o que tinha aprendido, especialmente sobre mim mesma.

Uma onda bateu no meu pé. Naquele momento, me despedi de toda uma vida e enterrei a Paula-advogada em frente ao mar.

Para seguir se aprofundando, assista:

 Demissão – Como recomeçar do zero

4. MEU MOMENTO "ARRÁ!"

O sentido da vida é a felicidade.
DALAI-LAMA

Alguns dias depois, criei uma página no Facebook e começei a escrever sobre todas as minhas novas escolhas e mudanças na minha vida. Sobre não advogar mais. Sobre não ter mais um carro. Sobre me alimentar melhor, sobre correr diariamente. Sobre a opção de ter uma vida mais simples e mais feliz.

Nos meses seguintes, vi aquela página florescer e crescer rápido. Paralelamente, eu fazia alguns trabalhos de pesquisa e redação com o meu sócio na agência de publicidade. Era um trabalho criativo e gostoso de fazer, eu não me sentia vendendo a alma para o diabo. Mas meu maior prazer vinha de escrever e interagir com meus leitores.

De repente, me dei conta de que tinha sido mais uma vez pega na armadilha: a agência era o meu "emprego", o meu trabalho, o que eu respondia quando alguém me perguntava o que estava fazendo da vida. Escrever continuava a ser só uma atividade paralela que eu podia ou não fazer quando tivesse tempo livre.

Eu amava o que estava escrevendo, me emocionava diariamente com as mensagens dos leitores dizendo como algo de minha autoria tinha tocado a vida deles, feito pensar, trazido mudança. Eu respondia a essas mensagens, dava conselhos, ajudava quem parecia estar na mesma situação em que eu estava até 1 ano atrás: preso e infeliz no mundo corporativo, em busca de uma saída.

E era isso que eu queria fazer. Todos os dias. O tempo todo.

Eu tinha passado a vida inteira querendo ser escritora. Mas, mesmo já tendo publicado dois livros até aquele momento, nunca tinha me sentido tão realizada como agora. Meu primeiro livro, um romance, tinha sido elogiado por ídolos meus, como Millôr Fernandes. Eu adorava o que tinha escrito, mas quando me perguntavam quando escreveria outro romance, eu respondia: "Quando tiver uma outra história para contar". Eu sabia que meu livro tinha tocado a vida de várias pessoas, mas ainda não era exatamente o que eu queria.

Meu segundo livro, sobre adoção, era um misto de relato biográfico e manual. Toda semana eu recebia mensagens de futuras mães adotivas me agradecendo e dizendo quanto o livro tinha ajudado a aplacar a ansiedade durante o período de espera por um filho. Apesar de ver que o que eu tinha escrito de fato podia ajudar outras pessoas, também ainda não era o que eu queria.

O que eu escrevia agora motivava e ajudava meus leitores a pensar, a refletir e a mudar. Então eu tive o meu momento "arrá", como diria a Oprah Winfrey. Era isso que eu queria, esse era o meu emprego dos sonhos!

O único problema é que esse era um emprego que não existia.

Mas algo assustador tinha acontecido. Agora que eu tinha descoberto quem eu era, eu não podia ser qualquer outra coisa. Eu não podia não fazer aquilo. Eu preferiria morrer, porque viver qualquer outra coisa não faria mais sentido.

Ao mesmo tempo, essa revelação era também libertadora. Porque, se eu preferia morrer a não fazer aquilo, o fato de não existir aquele meu emprego dos sonhos não tinha mais nenhuma importância. Eu precisava dar um jeito, porque agora era uma questão de vida ou morte.

Se não existia um caminho, então eu ia virar o Rambo, morder uma faca e abrir um caminho, nem que fosse na marra.

Comecei a pesquisar dia e noite sobre outras pessoas que tinham abandonado o mundo corporativo para viver daquilo que amavam. Passei a estudar tudo sobre negócios, empreendedorismo, estratégia digital, marketing on-line, e-books, e--commerce, multipotencialidade, nômades digitais.

Cada vez que descobria alguém, em algum lugar do mundo, que tinha conseguido abrir o seu próprio caminho e criar o seu emprego dos sonhos, meu coração ficava num misto de animação e paz. Eu sabia que ia conseguir também. Ao contrário do que eu sempre tinha ouvido – e acreditado –, não, não era impossível.

Investi meu tempo e dinheiro em livros e cursos que mostravam o caminho que outras pessoas tinham percorrido para chegar aonde eu também queria. Juntei um time extremamente competente para transformar o meu plano em realidade.

Continuei escrevendo textos em que abria completamente meu coração, contava as minhas mais profundas – e algumas recém-descobertas – verdades e dividia tudo o que estava aprendendo sobre como viver uma vida alternativa. A cada texto novo, centenas de pessoas novas se juntavam à minha tribo.

Pouco tempo depois, de uma forma espontânea e até mesmo orgânica, me vi dando sessões de coaching. O que começou com ajuda e conselhos a amigos e leitores sobre como descobrir suas paixões, transformar suas vidas e atingir plenamente seu potencial passou a atrair gente que eu não conhecia e chegava a mim pelos mais variados caminhos, pessoas incríveis cujas trajetórias me inspiram todos os dias.

Foi assim que, poucos meses depois de abandonar minha carreira, fiz o meu primeiro dinheiro como não-advogada.

Neste capítulo, falei sobre meus outros livros. Tenho ainda meu quarto livro, que foi publicado depois do *Escolha sua vida*. Quer lê-lo também?

Buda dançando numa boate

Para seguir se aprofundando, assista:

Abandone um projeto!

5. O MEU DIA PERFEITO

No meu dia perfeito, eu acordo cedo com a luz do sol abrindo meus olhos. Fico me espreguiçando e alongando na cama por uns dez minutinhos, pensando empolgada em tudo que me espera.

Levanto e visto a minha roupa de corrida. Acordo meu filho de 4 anos, o ajudo a colocar o uniforme da escola. Fazemos ovos mexidos para ele e tomamos café da manhã juntos. Andamos até a escola. Lá, encontro outras mães que são minhas amigas queridas, dou oi para as professoras.

Saio correndo pela rua – literalmente – e, em menos de dez minutos, estou no Aterro. Continuo correndo, mas agora com uma das vistas mais bonitas do mundo: a baía de Guanabara, o Pão de Açúcar, o Corcovado.

De volta em casa, tomo um banho quentinho e como meu segundo café da manhã, de ovos, chá, iogurte e frutas enquanto leio meus sites e blogs favoritos, que me inspiram.

Depois, passo o dia fazendo o que eu sempre quis fazer: escrevendo sobre coisas que mudaram a minha vida e que acredito que podem mudar a de outras pessoas também. E atendendo por videochamadas clientes das mais variadas nacionalidades e com as mais diferentes histórias.

Ocasionalmente, faço uma pausa pra tocar um pouco de piano, fazer um desenho, pintar um quadro, ou simplesmente conversar com meus amigos enquanto como uma tangerina.

De tarde, ando pelo bairro ouvindo música, vou buscar meu filho na escola, e voltamos conversando, rindo, dançando e conhecendo o nosso bairro. Tomamos banho juntos com mamutes e dinossauros, depois jogamos dominó ou assistimos a um desenho. Jantamos juntos e ele pede um pouquinho do meu brócolis e da minha couve-flor.

Às oito, ele dorme e eu fico lendo meus livros, vendo meus filmes, estudando, escrevendo um pouco mais e me inspirando pra um novo dia perfeito.

Há exatamente 1 ano, o meu dia era muito diferente. Eu acordava triste. Colocava meu filho no ônibus da escola e, minutos depois, estava dentro de um carro zero de 100 mil reais, chorando a caminho de um trabalho "dos sonhos" que eu não amava.

Chegava em casa e meu filho já tinha tomado banho e jantado. Eu estava cansada e irritada demais pra jogar dominó com ele. Eu me deitava pra dormir pensando que estava jogando a minha vida – essa oportunidade única – no lixo.

Quanta coisa acontece em 1 ano.

Eu escolhi ter uma vida melhor e vivo essa vida melhor a cada dia, a cada instante, em cada decisão. No caminho, vou criando a minha tribo, o meu exército de soldados prontos a combater conceitos pré-estabelecidos de "felicidade", de "sucesso" e do que é "impossível".

E vou dormir todos os dias feliz porque sei que, do outro lado da tela, tem gente se inspirando no meu dia perfeito pra criar o seu próprio dia perfeito, a sua própria vida melhor.

O meu dia perfeito foi ontem. Está sendo hoje. E vai ser amanhã de novo.

Baixe materiais exclusivos, como o *Meditação Vida Ideal* e *Planner Meu Dia Perfeito*:

Esqueça seu passado. Quem você decidiu que realmente é agora? Quem você decidiu se tornar?
ANTHONY ROBBINS

Uma vez perguntaram ao filósofo Tales de Mileto, que viveu no século VI a.C. e foi conhecido pelos gregos como o primeiro dos sete sábios do velho mundo, qual era a coisa mais difícil de todas. Ele respondeu:

– Conhecer a si mesmo.

Existe uma jornada arquetípica, que é a estrutura de todos os mitos, contos de fadas, lendas, clássicos da literatura e, enfim, todas as histórias que são contadas repetidas vezes, desde antigamente até os dias de hoje, com diferentes nomes e em diferentes línguas e culturas.

Reconhecer quem verdadeiramente somos é um dos passos mais importantes dessa jornada e, também, da nossa vida.

Pense nas muitas histórias em que o herói precisa descobrir "seu próprio nome", ou sua identidade, e sai mundo afora nessa busca. Essa trajetória, que tanto se repete, é a história mais antiga do mundo e é simbólica do caminho de vida do ser humano.

Para descobrir sua identidade, o herói – nesse caso, você – precisa de um tempo sozinho, um pouco de sossego e silêncio. No mundo de hoje, nada mais difícil do que ter sossego e silêncio, ou ficar sozinho. E nada mais fácil do que se perder no meio do barulho, da infinita oferta de atividades e formas de entretenimento.

Enquanto você não conseguir parar e refletir sobre si mesmo, nenhuma mudança será possível.

1. QUAL É O SEU PROPÓSITO DE VIDA?

Hoje você é você,
Isso é mais verdadeiro que a verdade.
Não há ninguém no mundo
Que seja mais você do que você
DR. SEUSS

Existem centenas de livros sobre propósito de vida e como descobrir o seu. Então vou te poupar do tempo e do trabalho de ler um monte de coisas, fazer um monte de exercícios e reflexões e quebrar a cabeça. Vou te contar qual é o seu propósito de vida. É. Juro. Acho que só essa informação já vale o preço deste livro, hein? Vamos lá, segura a minha mão:

O seu propósito de vida é ser você.

É só isso. Mesmo. Parece simples, mas não é. Sabe por quê? Porque você não sabe bem quem você é. E se você não sabe quem você é, fica muito difícil ser você. E mais difícil ainda escolher a vida que você quer viver.

Não se deixe levar pelo ego, não ache que você existe para um propósito especial ou extraordinário. A sua existência em si já é extraordinária. Pense bem, somos quase 7 bilhões de pessoas, e não há, no mundo inteiro, ninguém igual a você. A probabilidade de você nascer você é de 1 para 400.000.000.000 (quatrocentos mil

O SEU PROPÓSITO
DE VIDA É SER VOCÊ.

trilhões!). Tudo no Universo é único. Quão extraordinário é isso?

Olhe em volta: as árvores simplesmente são. Os animais simplesmente são. As flores simplesmente são. Nenhum deles tem qualquer objetivo além de ser o que nasceu para ser, além da própria existência.

A boa notícia é que, assim como as árvores, os animais e as flores, você já é tudo o que deveria ser. Ainda que não tenha percebido isso, ainda que não tenha se dado conta, ainda que tenha se esquecido ao longo dos anos de quem você é. Ainda que você nunca tenha parado para olhar para dentro de si mesmo.

Você só precisa descobrir quem é você. Essa não é uma tarefa fácil, porque há uma grande chance de que você – como eu e a grande maioria das pessoas – tenha até hoje, de forma consciente ou não, buscado justo o oposto da sua natureza única: ser igual a todo mundo.

O seu eu verdadeiro está escondido embaixo de camadas e mais camadas de valores e crenças que não são seus e, consequentemente, decisões e escolhas que não são suas.

Carl Jung escreveu certa vez que o talento inato do ser humano para imitar os outros é um dos mais úteis para o coletivo, mas um dos mais nocivos para a individuação.

Há certo tempo, reencontrei uma das minhas melhores amigas de infância, que não via há mais de 10 anos. Depois de colocarmos os assuntos em dia, ela me saiu com a seguinte revelação:

– Sabe, o que eu sempre admirei em você é que você era totalmente diferente daquelas meninas do nosso colégio, você customizava as suas roupas, se vestia diferente, gostava de fazer coisas diferentes, nunca quis ser igual às outras, nunca se importou.

Naquele dia, descobri que eu era muito mais sábia quando criança.

Morri de constrangimento porque, sempre que eu mesma me lembrava da época de escola, me envergonhava por ter sido tão diferente em algumas coisas, por nunca ter me adaptado por inteiro ao colégio e às pessoas.

Enquanto minha amiga me admirava por me comportar e vestir de forma original, eu me envergonhava pelo que eu mesma considerava um certo desleixo com a minha aparência e uma incapacidade de me enquadrar.

Eu tinha passado muito tempo lamentando justamente o que, para a minha amiga, tinha sido sempre a minha maior qualidade: ser eu.

E tinha passado anos da minha vida tentando me encaixar em um universo que não tinha nada a ver comigo. Tinha mudado o meu jeito de me vestir, o meu jeito de falar, o meu jeito de me relacionar com as pessoas. Tinha usado o meu talento inato para imitar os outros e deixado de ser eu. E eu não gostava da pessoa em quem tinha me transformado.

E foi justamente a minha resistência em me enquadrar que me trouxe à vida que estou vivendo hoje.

* * *

NÃO SE DEIXE LEVAR PELO EGO, NÃO ACHE QUE VOCÊ EXISTE PARA UM PROPÓSITO ESPECIAL OU EXTRAORDINÁRIO.

Assim que decidi que não voltaria para o mundo corporativo, passei meses e meses saindo quase todos os dias, celebrando com amigos a minha vida nova e o fato de que tinha finalmente descoberto quem eu não era. Só que, no meio do barulho e da confusão dos festejos, esqueci que ainda precisava descobrir quem eu era.

Aqueles muitos meses de agito aconteceram por um motivo simples: o vazio interior que ficou depois que a Paula-advogada se foi era imenso. E eu fugi desse vazio, num primeiro momento, pois era o jeito mais fácil. Por puro medo.

Depois de um tempo, toda aquela diversão foi perdendo o sentido. E foi só quando eu me dei conta de que precisava passar um tempo sozinha e quieta, tomar coragem e enfrentar o meu próprio vazio interior que comecei a me descobrir de verdade.

Passei os próximos meses meditando, lendo muito, fazendo cursos e milhares de exercícios, me fazendo perguntas, escrevendo sobre mim mesma e me redescobrindo em cada palavra.

A partir dos valores que eu vinha usando – ainda que inconscientemente – para tomar minhas decisões, separei os que eram meus valores dos valores alheios que eu tinha adotado por pura inércia ao longo da vida.

Vi todas as crenças dos outros que eu tinha adotado como minhas e deixado pautar as minhas escolhas. Enxerguei os motivos equivocados por trás de muitas dessas decisões importantes na minha vida e entendi como elas teriam sido diferentes caso eu tivesse desde sempre sido fiel aos meus próprios valores e crenças.

Saí da empresa que tinha montado com meu amigo, porque percebi que ela era só mais uma forma de ter um trabalho que fosse "reconhecido" como tal pelos outros. E porque eu não tinha abandonado a minha carreira para seguir o sonho do meu amigo. Resolvi me dedicar inteiramente à minha própria paixão.

Finalmente, eu sabia quem eu era.

──── EXERCÍCIOS ────

Sente-se em um lugar tranquilo com um caderno e uma caneta ou com seu computador. Se quiser, coloque uma música que te inspire, ou acenda um incenso. Respire fundo por um minuto e deixe todas as preocupações a uma distância razoável, não se detenha em nenhuma delas.

Você vai fazer uma coisa importante, conhecer alguém essencial na sua vida: você. Pode parecer um exercício bobo, mas, acredite, é um dos mais importantes se realmente deseja mudar qualquer coisa na sua vida atual.

Responda às perguntas abaixo:

1 Quem é você? Liste as suas características principais, suas qualidades e seus defeitos.

_____

_____

_____

_____

2 O que você ama?

_____

_____

_____

_____

_____

3 O que você odeia? (Essa é uma lista muito importante, porque a força do que você odeia é tão grande quanto a força do que você ama. Guarde essa lista bem guardada e fuja dessas coisas como o diabo da cruz.)

———————————————————————
———————————————————————
———————————————————————
———————————————————————
———————————————————————
———————————————————————
———————————————————————
———————————————————————

Para seguir se aprofundando, assista:

A busca por propósito te deixa ansioso?

Qual é o seu lugar no mundo?

Faça escolhas que acalmem o seu coração

2. QUAIS SÃO OS SEUS VALORES?

*Não é difícil tomar decisões quando
você sabe quais são os seus valores.*
ROY DISNEY

Certa vez, conversando com um taxista sobre o trânsito, os engarrafamentos e minha escolha de não ter mais carro e andar de bike, metrô, ônibus e esse equipamento super-moderno, portátil e tecnológico que são os meus pés, me dei conta de que um dos grandes problemas do mundo hoje é que o ser humano perdeu a arte de se perguntar.

O ser humano se esqueceu de quais são os seus valores e toma diariamente decisões sem parar para pensar se estão alinhadas com aquilo em que ele acredita.

Eu ponho a culpa na velocidade louca do mundo, na sensação que a gente tem constantemente de que está perdendo tempo com alguma coisa que nem sabe o que é e nessa coisinha tão confortável que é a inércia, o deixa-a-vida-me-levar.

O taxista me perguntou por que eu decidi não ter mais carro e eu me dei conta: foi porque parei cinco minutos pra me perguntar se realmente precisava de um carro.

E me dei conta de quanto odeio ter que cuidar de um carro, botar gasolina, lavar, manter arrumado, fazer manutenção, fazer vistoria, ter carteira de motorista em dia, procurar vaga, pensar antes de sair de casa se vou ou não beber, achar que não vou beber e chegar no lugar e descobrir que é *open bar* e eu tô com o maldito carro, pagar IPVA, seguro, extintor de incêndio que não saberei usar na hora do incêndio, manobrar o carro pro meu vizinho tirar o dele da garagem e, enfim, todas as coisinhas chatas que estão no entorno desse bem supostamente tão indispensável que é o carro.

Que eu praticamente só usava pra ir pro trabalho, um lugar pra onde não precisava mais ir.

Queria escapar para sempre de todas aquelas coisas que para mim eram odiosas. Queria me locomover de outras formas, sem continuar me agredindo e me forçando a um monte de tarefas e custos indesejados.

Eu queria trazer mais para a minha vida um dos meus principais valores: liberdade.

Cinco minutos de reflexão, decisão tomada com consciência, alinhada com minhas crenças, meus valores, meu estilo de vida, minha necessidade, meu orçamento, minha realidade. Olha que joia.

Esse mesmo taxista me deixou no Projac, onde gravei um programa em que falei sobre adoção. E, conversando com as pessoas por lá sobre por que escolhi adotar, já que poderia ter engravidado, me veio à mente de novo a questão da arte perdida de se perguntar.

Quando resolvi ter um filho, eu me perguntei: "Faço questão de engravidar? Parir? Amamentar? O que é ser mãe pra mim, afinal? É isso? O que é um valor maior pra mim?".

E optei por adotar porque sabia que a maternidade pra mim era sinônimo de amor incondicional. E amor incondicional é incondicional, independe de o filho ter sido gerado, gestado, parido e amamentado por mim, ou de ter o meu cabelo, os meus olhos ou a minha cor de pele.

Mais uma vez, decisão tomada com consciência, alinhada com minhas crenças, meus valores, meu estilo de vida, minha necessidade, meu orçamento, minha realidade. Perfeito.

Se tenho curiosidade de engravidar? Olha, tenho curiosidade de milhares de coisas nessa vida, muitas delas coisas que certamente jamais farei, como pular de paraquedas, andar na Lua ou ter uma tórrida noite de amor com o Colin Firth.[*]

(Bom, vou corrigir pra "provavelmente" jamais farei porque, né, ainda tenho alguma esperança com o Colin Firth.)

Mas é isso, só curiosidade, e, ao contrário do ditado, não mata, não.

Quem tem – ou quer ter – filho biológico pode também se perguntar se não tem curiosidade de receber uma ligação no meio da tarde falando de uma criança, ir num abrigo, pegar essa criança nos braços e ter a indescritível sensação de saber que é o seu filho.

---

[*] Uma curiosidade: escrevi isso em 2013 e, até o momento, ainda não tive a minha tórrida noite de amor com o Colin Firth (alô, Colin!). Mas aos 42 anos de idade, engravidei e pari o Theo. Moral da história: nunca diga nunca.

Acredito, a sério, que muita gente se surpreenderia com a resposta ao se perguntar: por que não adotar? Falta só parar aqueles cinco minutinhos pra uma reflexão.

Mas a grande verdade é que muitas vezes a gente mal sabe quais são os nossos valores. Não somos ensinados a pensar sobre isso. Pelo contrário, somos bombardeados por valores alheios que acabamos absorvendo como nossos por osmose e sobre os quais raramente paramos para refletir.

Pensar sobre os seus valores, entender quais são, fazer uma faxina neles e redefini-los vai te ajudar a entender melhor quem você é, além de te ajudar com qualquer mudança que você queira fazer na sua vida e com qualquer decisão importante que precise tomar.

——————— EXERCÍCIOS ———————

1 Definindo os seus valores

Em uma folha de papel, liste de doze a quinze dos seus valores.
Eis algumas sugestões, mas fique livre para adicionar qualquer
novo valor à lista:

Aventura	Afeto	Autenticidade
Equilíbrio	Mudança	Dinamismo
Comunidade	Conexão	Contribuição
Compartilhamento	Criatividade	Disciplina
Energia	Família	Liberdade
Amizade	Diversão	Crescimento
Harmonia	Honestidade	Independência
Inovação	Integridade	Aprendizado
Amor	Lealdade	Ordem
Organização	Paz	Prazer
Sexo	Sensualidade	Propósito
Poder	Reconhecimento	Respeito
Espiritualidade	Segurança	Sucesso
Confiança	Saúde	Sabedoria

Algumas perguntas que você pode se fazer para te ajudar a
identificar quais são os seus valores:

- O que é importante para você?
- O que você considera que são suas verdades e crenças?
- O que você defende?
- O que te deixa acordado à noite?
- O que te faz dormir em paz?
- O que você realmente quer?

2 Agrupando valores

Veja como os valores da sua lista podem ser agrupados e elimine os que são redundantes (por exemplo, integridade/honestidade). Refina a sua lista para conter no máximo nove valores.

3 Separando valores de meio de valores finais

Alguns valores são importantes, mas são apenas um caminho para um objetivo final, ou seja, são valores de meio que levam você a valores finais. Dinheiro, casa e trabalho são, por exemplo, valores de meio. O dinheiro pode criar os valores de liberdade, paz e diversão. A casa pode trazer valores como segurança, espaço e alegria. O trabalho pode criar valores de propósito, energia e independência.

Os valores finais normalmente são experimentados como sentimentos: amor, paz, liberdade, autoestima, confiança, poder, honestidade, conhecimento e alegria.

São conceitos que você não pode tocar, mas que intuitivamente sabe quando tem e quando não tem.

Pegue a sua lista de nove valores e pergunte-se sobre cada um: "O que este valor me dá?". Continue se fazendo essa pergunta até ter certeza de que chegou aos seus valores finais, eliminando os valores de meio.

4 Priorizando valores

Coloque os seus nove valores em ordem de prioridade.

_____

_____

_____

_____

_____

_____

_____

_____

_____

_____

_____

_____

Para seguir se aprofundando, assista:

Como ter clareza?

Como criar suas políticas pessoais

3. O QUE SUA MÃE NÃO TE ENSINOU SOBRE SER FELIZ

Ser o seu eu verdadeiro é a fórmula
mais eficiente de sucesso que existe.
DANIELLE LAPORTE

Quando você era pequeno, tudo o que a sua família queria era que você crescesse e fosse feliz. E, para que você fosse feliz, eles também queriam – naturalmente! – que você fosse bem-sucedido.

Até aí, tudo bem. As intenções eram todas ótimas. O único problema é que sucesso é um conceito muito flexível, pessoal e intransferível. E se você nunca parou para pensar no que é sucesso para você, isso significa que está agindo por inércia e se deixando levar pela maré.

Mas, a partir do momento em que você toma decisões importantes da sua vida – como a profissão que vai seguir – para de alguma forma atingir "sucesso", é importante ter certeza de que esse "sucesso" é o seu, e não o do vizinho, o da TV ou o do seu círculo de amigos.

O seu conceito de sucesso deve estar alinhado com os seus valores.

Eu fiz graduação e pós-graduação em Direito na faculdade mais prestigiada do Rio de Janeiro. Depois, fiz meu mestrado na Columbia University, em Nova York, uma universidade top cinco nos Estados Unidos. Tive

O SEU CONCEITO
DE SUCESSO DEVE ESTAR
ALINHADO COM OS
SEUS VALORES.

uma carreira de 15 anos na área jurídica, divididos entre um dos maiores escritórios do Rio e uma multinacional.

Vivia em um apartamento com vista para o Cristo, a baía de Guanabara e bucólicos barquinhos de pesca, tinha um carro novo e grande na garagem, e um monte de coisas que faziam o mundo lá fora me considerar uma profissional muito bem-sucedida.

Mas eu não estava feliz com aquela vida. Então, que diabo de sucesso era esse? Não o meu, com toda certeza.

Viver de acordo com definições de sucesso alheias é como usar roupas de outras pessoas: você pode até não estar nu, mas as roupas nunca vão te servir perfeitamente.

Quando resolvi escolher a vida que queria viver, um dos meus primeiros passos foi descobrir o que era sucesso pra mim. Conhecer os meus próprios valores facilitou muito a minha vida.

Por exemplo, para decidir se sucesso era ter um "emprego estável" ou empreender e ter mais tempo livre foi, só lembrar que, enquanto liberdade é um dos meus nove principais valores, estabilidade nunca nem entrou na minha lista.

Essa é a minha atual definição de sucesso (mas ela é provisória e a revejo periodicamente, porque a vida muda e a gente também, o tempo todo):

- Ser feliz;
- Fazer todos os dias o que eu amo e inspirar outras pessoas a fazerem o mesmo;
- Ser a melhor mãe que eu posso ser pro meu filho;
- Ser fiel aos meus valores;

- Sempre agir com honestidade e transparência;
- Ter tempo livre para fazer o que eu amo;
- Não me estressar desnecessariamente;
- Seguir os meus sonhos.

Um dos meus medidores de sucesso hoje é observar se eu acordo feliz e empolgada com o dia que tenho pela frente.

Outra forma de avaliar meu sucesso é contar quantas vezes ao dia tenho que fazer algo que reduz a minha felicidade. Meu maior luxo hoje é poder usar o meu tempo com aquilo e aqueles que eu amo.

E tempo é o real luxo dos dias de hoje. Não se gasta algo tão precioso com tarefas e pessoas que não valem a pena.

Não é uma lista grande, o que não quer dizer que seja fácil conseguir tudo o que está nela. Mas qualquer esforço para conseguir alcançar esses objetivos vale a pena, porque, como já disse Anthony Robbins: "Sucesso sem felicidade é fracasso".

Sucesso é poder viver a vida que eu escolhi.

E TEMPO É O REAL LUXO
DOS DIAS DE HOJE.
NÃO SE GASTA ALGO
TÃO PRECIOSO COM TAREFAS
E PESSOAS QUE
NÃO VALEM A PENA.

EXERCÍCIO

Pare por cinco minutos e pergunte-se: "O que é sucesso para você?". Escreva a sua lista. Tenha certeza de que absolutamente nada está lá só para impressionar alguém. A não ser que esse alguém seja você mesmo.

Para seguir se aprofundando, assista:

 Caminho do AMOR e caminho do MEDO

 O segredo pra estar no lugar certo na hora certa

IV
ESCOLHA
SUA VIDA

*Você não tem que viver a sua vida
do jeito que outras pessoas esperam.*
CHRIS GUILLEBEAU

Você já sabe quem você é, quais são os seus valores e o que é sucesso para você. Mas e agora? O que fazer com isso? Imagine que você acordou em um lugar totalmente desconhecido (numa banheira cheia de gelo... mwah-aha!) e alguém te entregou um mapa da cidade: de nada te adianta o mapa se você não sabe para onde quer ir, não é mesmo?

Você sabe que quer ser feliz. O.k., até aí, quem não quer? Mas você sabe o que te faz feliz? Você sabe qual é a sua paixão? Sabe o que gostaria de fazer se o dinheiro não existisse? Sem essas respostas, você corre o risco de perder semanas, meses ou até anos em uma busca sem resultados.

Logo que parei de trabalhar, embora eu soubesse o que não queria mais fazer e qual era a minha nova definição de sucesso, ainda passei uns bons meses perdida investindo o meu tempo, a minha atenção e a minha energia em um trabalho que, por mais interessante que fosse, não era exatamente o que eu queria fazer.

Mas justamente porque eu perdi esse tempo e porque não quero que você perca também, esta parte vai te ajudar a definir em que direção você quer ir e como dar os primeiros passos nesse sentido.

1. O QUE VOCÊ QUER SER ANTES DE MORRER?

Muitas pessoas me escrevem dizendo que já viveram tanto tempo segundo as crenças e os limites impostos pelos outros que já não sabem mais quais são os seus próprios sonhos. Essas pessoas buscam desesperadamente responder à pergunta: "Qual é a minha paixão?". Na maioria das vezes, a resposta é tão óbvia que a gente pensa que "ah, vai!, não pode ser".

A verdade é que a sua paixão é qualquer coisa que você sempre gostou de fazer, por toda – ou quase toda – a sua vida.

A sua grande paixão está dentro de você e não precisa ser descoberta, somente recuperada.

Ah, e é muito possível que não seja uma paixão só, mas sim muitas, ao contrário do que a sociedade sempre te fez pensar que era o certo com perguntas como "qual é o seu chamado?", "qual é a sua vocação?" ou "o que você quer ser quando crescer?".

Se você – como eu – ficava desesperado quando te diziam que você tinha que escolher uma coisa só para fazer para o resto da vida, fique tranquilo: existem vários profissionais estudando e escrevendo sobre as "almas renascentistas", "multipotenciais" ou "multiapaixonadas", pessoas que se encantam por uma variedade imensa de coisas, cheias de interesses e talentos. E, ao contrário do que você sempre pensou, é o.k. ser assim!

A única diferença é que, se você for uma alma renascentista, vai ter que descobrir como conciliar as suas paixões em um único negócio ou trabalho. E, talvez, esse trabalho/negócio dos sonhos não exista ainda. Mas, como a gente já viu, isso só quer dizer uma coisa: que você vai ter que criá-lo.

Uma pergunta que eu sempre faço quando estou ajudando alguém a descobrir suas paixões é a seguinte: "O que você queria ser aos 5 e 10 anos?".

Não necessariamente a resposta vai ser exatamente o que você gostaria de ser agora, claro. Além disso, entre 5 e 18 anos – quando normalmente a gente é pressionado para decidir a profissão –, mudamos de ideia algumas vezes, ou tem mais de uma opção que nos interessa ao mesmo tempo (e escutamos dos pais e da sociedade que temos que escolher uma coisa só).

Por isso mesmo, o próximo exercício é pensar quais habilidades e metáforas estão representadas por cada uma dessas profissões que encantavam a gente na infância e adolescência.

Eu, por exemplo, já quis ser bombeira. Alguns anos mais tarde, considerei fazer psicologia. Encantei-me por engenharia genética quando descobri que existia. E desde sempre, queria ser escritora.

Quando parei de advogar e finalmente analisei com calma todas as profissões que em algum momento eu tinha considerado seguir – ainda que por um breve período, ou quando muito jovem –, percebi que havia algo em comum entre aquelas ocupações aparentemente tão diferentes.

No fundo, o que eu queria era poder ajudar pessoas em um momento crítico da vida delas, em um momento de crise. A transformação pessoal me atraía.

Foi exatamente por isso que, mesmo tendo publicado dois outros livros até então, e mesmo um deles sendo um livro sobre adoção, que de fato ajuda muita gente, eu ainda não me sentia realizada como escritora.

Foi só quando eu montei o meu quebra-cabeças pessoal, consegui juntar todos os meus interesses e comecei a escrever para ajudar o meu leitor a se transformar, a ser alguém melhor e a mudar que eu finalmente me senti feliz.

Nem sempre você tem que fazer exatamente aquilo que sonhava aos 5 ou 10 anos para se realizar. O que você precisa é manter a essência das habilidades e metáforas representadas pelo que queria ser e buscar como, na sua vida atual, você pode transformar isso na sua nova realidade.

Mas e se você não se lembra do que queria ser aos 5 e 10 anos, ou se você não queria ser nada? Um outro modo eficiente de descobrir a sua paixão é ouvir os seus familiares e amigos. Com que tipo de coisa eles normalmente te pedem ajuda?

Normalmente, é o tipo de coisa que você faz com o pé nas costas, com que tem a maior facilidade do mundo, que não te custa nada, que te faz pensar: "Ah, mas isso não é especial, eu faço isso desde criança!".

Mas justamente por ser o tipo de coisa que é natural e sem esforço para você, que é uma coisa especial. Por mais que, para você, pareça simples.

Ao não prestar atenção nesse "talento", você está deixando de ser extraordinário como poderia ser.

Divida o seu dom com o mundo.

EXERCÍCIOS

1 Assim que alguém começa a se perguntar quais são as suas paixões, as próximas perguntas que automaticamente surgem são: "O que daria certo? O que daria dinheiro?". As perguntas certas – que quero que você responda – são:

O que te deixa feliz?

_____

_____

O que te empolga?

_____

_____

O que você faria se não existisse dinheiro?

_____

_____

2 Identifique a sua paixão ou as suas paixões com a ajuda da lista de perguntas abaixo:

Com o que você ama ajudar as pessoas?

_____

_____

_____

_____

_____

Pelo que você quer ser lembrado?

_____
_____
_____
_____

Quais dons você tem e quer dividir com o mundo?

_____
_____
_____
_____

O que seus amigos acham que você poderia fazer da vida?

_____
_____
_____
_____

No que você é bom? (Se não souber, pergunte pra cinco amigos.)

_____
_____
_____
_____

O que seu coração diz que você devia estar fazendo da sua vida?

_____
_____
_____
_____

3 A sua mente inconsciente é uma máquina maravilhosa e cheia de recursos. Se você der a ela a oportunidade de ajudar, deixá-la à vontade, ela vai ser uma grande aliada no processo de redescobrir sua paixão ou suas paixões.

Faça isso dando um passeio no parque, indo à praia, estando na natureza, meditando, escrevendo no seu diário, olhando para as nuvens ou para as estrelas, dando um mergulho no mar, indo a uma galeria de arte ou a um show de música. Qualquer coisa que te liberte das suas atividades conscientes vai te colocar em contato com os incríveis poderes do seu inconsciente.

Para seguir se aprofundando, assista:

Aprenda a amar o seu trabalho – Paixão: modo de usar

Como a Xuxa pode te ajudar a escolher sua carreira

2. ASSUMA A RESPONSABILIDADE POR NÃO SEGUIR SEUS SONHOS

É preciso coragem para crescer
e se tornar o que você realmente é.
E.E. CUMMINGS

Atenção: este capítulo é duro. É a pílula vermelha da Matrix. Só leia se você estiver preparado pra ouvir umas verdades. Mas, se sobreviver, prometo que vai estar pelo menos alguns passos mais perto de realizar qualquer sonho que tenha deixado pra trás.

Agora que você já sabe quem você é e quais são as suas paixões, é hora de descobrir por que diabos você desistiu dos seus sonhos ao longo da vida.

Um belo dia, você nasceu. Careca, pelado, sem dente e sem a menor noção do que era certo ou errado, possível ou impossível, comestível ou não. Se não fosse a sua mãe gritando "tira a mão daí, criança!", você teria comido aquela barata atrás da cortina, ou aquele cocô de cachorro na pracinha, ou a bochecha daquele seu amigo tão fofinho.

Se não fosse a bronca da professora, você nunca teria calado a boca e aprendido a fórmula de Bhaskara para logo depois desaprender. Se não fosse o Código Penal, você talvez já tivesse dado um tiro naquele seu vizinho que toca o hit o momento no último volume na hora de dormir.

Ou seja, em alguns momentos da sua vida, é inegável que os limites, regras e as crenças que vieram da sua família, dos amigos, do governo, da escola, da Igreja ou da sociedade permitiram que você não se metesse em enrascadas.

Mas não importa o que te disseram seus pais, a escola, a Igreja, a sociedade, o governo ou os seus amigos, você optou por acreditar nisso tudo e viver a sua vida de acordo com essas crenças. Eles te disseram o que era possível e você optou por acreditar. Eles te disseram o que era impossível e você optou por acreditar.

É impossível viver de escrever no Brasil. É impossível ganhar dinheiro ajudando os outros. É impossível ser feliz e ganhar a vida ao mesmo tempo. É impossível trabalhar naquilo que você ama. É impossível, impossível, impossível.

E. Você. Acreditou.

E agora você vem me dizer que o seu sonho era ser x, y ou z, mas os seus pais, amigos, professores etc. te mostraram que era impossível, então você foi ser contador.

Eu queria ser escritora. Mas minha família e meus professores da escola me disseram que escritor no Brasil passava fome. Então fiz Direito, pós-graduação e um mestrado no exterior. Trabalhei 15 anos no mundo corporativo.

Eu sonhava em ajudar/motivar pessoas, adotar meus filhos, ter tempo pra minha família, ser saudável. Mas, nesse mundo, me disseram que o importante era morar no bairro x, ter o carro y e a bolsa z, ainda que pra isso eu precisasse almoçar um sanduíche enquanto digitava com a outra mão, ou dormir de três a quatro horas por noite, ou ficar apenas duas semanas em casa quando adotei meu filho. E eu optei por acreditar.

Por muitos anos, culpei a minha família, os meus professores, a sociedade, o país onde nasci, porque eu tinha desistido dos meus sonhos. Porque eu era infeliz.

Até que um dia me vi diante de duas possibilidades: abraçar mais uma vez as escolhas do passado e me jogar num novo emprego bonitinho numa empresa grande ou finalmente me dar uma chance e seguir o meu coração. Para fazer isso, eu tive que admitir a dura verdade: por todos aqueles anos, eu tinha optado por acreditar nas limitações e impossibilidades alheias.

Eu tinha feito as minhas escolhas com base em crenças que não eram minhas!

E, por causa dessas crenças, eu tinha limitado todo o meu potencial, deixado de explorar milhares de possibilidades.

Eu tinha acreditado que era impossível viver de escrever. Por causa disso, nunca tinha me questionado sobre o que era escrever, para mim. Nunca tinha me perguntado se escrever era mesmo só ser autora de romances ou publicar livros.

Nunca tinha considerado a possibilidade de lançar livros de outra forma que não em papel, que não por meio de uma editora. De cortar todos os intermediários entre mim e os meus leitores. Nunca tinha me dado conta de que, como escritora, eu também podia ensinar ou fazer palestras.

Nunca tinha considerado caminhos com potencial de gerar mais retorno financeiro do que o caminho tradicional do romance-impresso-por-uma-grande-editora.

Eu tinha acreditado que, para ser bem-sucedida, eu precisava ter um emprego e ganhar um salário. Acreditei que isso, sim, era ter uma vida "estável".

Quando, na verdade, não há nada mais instável do que colocar o seu ganha-pão nas mãos de outra pessoa, de uma empresa que, a qualquer momento, pode decidir fazer uma reorganização societária, uma reestruturação qualquer, ou dar uma enxugada no quadro de funcionários e te mandar embora de uma hora para a outra.

Ninguém pode me tirar o trabalho que eu faço hoje.

Por isso, a partir de agora, pare de culpar terceiros por não seguir seus sonhos. Assuma a sua responsabilidade, pelos seguintes motivos:

Primeiro, porque jogar a responsabilidade em outras pessoas te desempodera. A partir do momento em que você enxerga que a responsabilidade é sua e somente sua – porque você optou por acreditar no que o mundo te disse –, é também sua e somente sua a decisão de mudar. Pegue o seu poder de volta.

Você pode mudar as suas crenças. Eu sei que é triste admitir, mas, se você entende e aceita que baseou decisões importantes da sua vida nas crenças alheias, você enxerga também que agora pode mudar as suas crenças.

Você pode repensar e chegar aos seus próprios conceitos de felicidade e de sucesso. E quem sabe você vá descobrir que dá, sim, pra ser feliz e bem-sucedido sendo dançarino, violinista ou enfermeiro.

Além disso, você vai ter relações mais saudáveis. Imagina o peso do rancor, da mágoa e da frustração quando a gente acredita que uma pessoa – ou um grupo de pessoas – é responsável pela nossa infelicidade. Agora imagine como é possível resgatar esses relacionamentos muitas vezes tão importantes se você finalmente admitir que a opção, a decisão final, foi sua.

Quando assumir a responsabilidade por não seguir os seus sonhos – e então passar a segui-los conscientemente –, você vai entrar no time de pessoas como Oprah, Michael Jordan, Lady Gaga, Marilyn Monroe e tantos outros que, num dado momento da vida, ouviram que era impossível fazer o que queriam fazer.

E, depois disso tudo, você vai estar pelo menos alguns passos mais perto de realizar os seus sonhos.

Para seguir se aprofundando, assista:

 3 passos para gerar coragem

 Mudança de hábito

3. ELIMINE AS CRENÇAS NEGATIVAS

Cada manhã é uma nova manhã,
e a cada manhã o Sol com o qual
você se depara é um novo Sol.
OSHO

O guru indiano Osho costumava contar a história de dois templos inimigos no Japão, cujos monges não se falavam. Os monges instruíam os meninos que usavam como mensageiros para também não se falarem, caso se cruzassem na estrada.

Mas essas instruções deixavam os meninos muito curiosos e tentados. Assim, um dia, ao se encontrarem no meio da estrada, um dos meninos, que estava indo ao mercado comprar verduras, perguntou ao outro:

– Aonde você vai?

O outro menino respondeu:

– Não tem ninguém indo ou vindo, é um acontecimento. Eu sou uma folha seca, eu vou aonde o vento me levar.

O primeiro menino, intrigado, voltou ao seu templo e reportou ao monge o que tinha acontecido. O monge o repreendeu por ter desobedecido às regras e disse:

– Amanhã, volte lá e, quando ele disser que é uma folha seca ao vento, pergunte então para onde ele pode ir quando o vento não está soprando.

Assim fez o menino e, quando encontrou o outro, perguntou:

– Aonde você vai?

– Aonde minhas pernas me levarem – respondeu o outro, sem fazer nenhuma menção a folhas secas ou ao vento.

O primeiro menino voltou ao seu templo e reportou ao monge o que tinha acontecido. O monge o reprendeu novamente, mas disse que voltasse à estrada no dia seguinte e perguntasse ao outro menino para onde ele iria, então, se não tivesse pernas.

Assim fez o primeiro menino e, no dia seguinte, perguntou ao outro:

– Aonde você vai?

E o outro respondeu:

– Vou ao mercado, comprar verduras.

A cada novo dia, temos uma segunda chance. A chance de fazer novas escolhas. A chance de mudar. O problema é que, a cada novo dia, tentamos encarar a vida com o conhecimento e as crenças que desenvolvemos a partir do nosso passado, do que já vivemos e do que já aprendemos. Mas a vida nunca se repete, estamos sempre diante de um novo dia, de novas questões, decisões e escolhas.

Até quando temos a sensação de estar vivendo a mesma situação, estamos enganados. Estamos sempre diante de uma nova situação. Devemos ser mais receptivos, ter a humildade de admitir e aceitar que nada sabemos, e encarar as novas situações que se apresentam com a inocência e curiosidade das crianças.

Na maioria das vezes, quando estamos empacados, é porque nossas crenças sobre o que há pela frente são negativas, baseadas nas nossas experiências passadas, nos nossos pais, na nossa religião, no que a sociedade ou os amigos nos dizem.

Parece menos arriscado ficarmos infelizes – que pelo menos é algo que já conhecemos – do que nos jogarmos de braços abertos no desconhecido.

Crenças negativas são apenas crenças, não são verdades absolutas. Ao longo da história da humanidade, muitas crenças que eram consideradas inquestionáveis foram desmistificadas com o passar do tempo, diante de novas descobertas científicas.

Eis alguns exemplos de crenças negativas comuns:

- Eu não tenho boas ideias;
- Minha família/meus amigos não vão me apoiar;
- Eu vou fazer papel de idiota;
- Eu já estou velho demais para seguir o meu coração;
- Eu nunca vou ganhar dinheiro fazendo o que eu amo.

Você já reparou como é fácil ter esse tipo de pensamento limitador e, ao mesmo tempo, como é difícil repetir para si mesmo crenças mais positivas?

Por que será que você se sente idiota repetindo para si mesmo "eu vou conseguir fazer isso", mas não se sente igualmente idiota repetindo para si mesmo "eu nunca vou conseguir fazer isso"?

Não é estranho que você se sinta bobo dizendo algo bom para si mesmo e não se sinta assim quando diz coisas horríveis que, provavelmente, jamais diria a um amigo?

E se, a partir de hoje, você começasse a falar consigo mesmo do jeito que fala com as pessoas que ama?

Para seguir se aprofundando, assista:

 4 perguntas de libertação – Byron Katie

 Como evitar comportamentos destrutivos

V

NO MEIO DO CAMINHO TINHA UMA PEDRA

É lindo quando a gente sabe quem a gente é, quais são os nossos valores, no que a gente acredita, quais são as nossas paixões e o que a gente quer da vida. Lindo, lindo, lindo. Mesmo.

Mas de nada adianta tudo isso se a gente ficar empacado diante dos obstáculos que existem entre o agora e o nosso sonho.

Há algum tempo, perguntei no meu blog qual era o maior obstáculo que impedia meus leitores de realizarem seus sonhos. Nas dezenas de respostas, alguns empecilhos se destacaram como os mais populares.

Coincidência ou não, esses obstáculos eram os mesmos que meus clientes de consultoria me traziam nas sessões, e os mesmos que eu tinha enfrentado na minha própria jornada.

Nesta parte, eu falo de um por um desses top cinco maiores vilões contra a realização do seu sonho: medo, procrastinação, dinheiro, tempo e críticas alheias.

1. MEDO

Faça sempre o que você tem medo de fazer.
RALPH WALDO EMERSON

Eu não me surpreendi quando o medo apareceu como o vilão número um dos meus leitores, assim como não me surpreendo que seja, também, o vilão de quase todos os meus clientes. Não me surpreendi porque o medo foi o meu próprio inimigo número um durante todo o meu processo de mudança de vida.

Por muitas vezes, no meio da noite, eu chorei de medo deitada na minha cama. Medo de dar tudo errado, medo de não conseguir pagar as minhas contas e não conseguir sustentar o meu filho, medo de ter que voltar para a minha vida antiga. Medo não, pavor.

Ao mesmo tempo, eu sabia que estava diante de uma mudança muito importante. Uma mudança pela qual eu tinha esperado por mais de 10 anos. Uma mudança que era indispensável para que o meu trabalho finalmente se alinhasse com o meu propósito de vida e para que eu fosse feliz.

Uma mudança que tinha se tornado inevitável.

Por que o medo é um bom sinal?

Quanto mais importante um projeto for para a evolução da sua alma, mais você vai resistir a ele.
STEVEN PRESSFIELD

Já falei um pouco sobre a jornada arquetípica do herói e como, em um dado momento, é necessário que ele descubra a sua verdadeira identidade.

A autorrealização, para Carl Jung, é justamente esse processo de individuação, ou seja, descobrir a sua originalidade individual, cristalizar o seu próprio padrão de vida e, assim, encontrar a totalidade.

Mas, mesmo depois que o herói descobre o seu verdadeiro nome – ou eu, ou você –, ele ainda está longe de terminar sua jornada.

Muito pelo contrário, nessa jornada arquetípica, é justo depois que ele descobre a sua identidade que ele se encontra com... a morte!

Calma, calma. É de uma morte figurada que estou falando. É o fim natural de uma força que se esgotou e precisa ser renovada, uma fase da vida que chegou ao fim e à qual é preciso dar adeus. É uma fase de despedida.

É muito comum nesse momento que, diante da possibilidade desse "fim", você seja tentado a voltar atrás na sua viagem. E, em vez de encarar esse momento de se despedir do que precisa ir embora, você queira, ao contrário, viver um momento de coisas novas, de vitalidade.

Então, você compra um carro novo, ou arruma um emprego novo, começa um relacionamento novo, busca excitação no sexo, nas drogas ou em jogos, se entrega ao consumismo desenfreado e faz qualquer coisa que te prometa mudança sem representar risco para o seu ego. Sempre na esperança de encontrar algo melhor, mais satisfatório. E, temporariamente, você fica empolgado e feliz com essa novidade.

Só que essa não é a mudança que você, no fundo, sabe que precisa fazer. Fugir dessa mudança mais profunda, que é necessária, pode te dar uma satisfação passageira, mas, com o passar do tempo, a novidade passa, e a insatisfação anterior se instala de novo.

Sem uma verdadeira mudança, você fica eternamente oscilando entre esses dois polos: a crise de estagnação e a empolgação passageira. E essa crise – que é mais comum na meia-idade – pode durar por toda a segunda metade da sua vida se você não buscar a verdadeira solução para ela.

E se você optar por ficar oscilando entre a crise e as falsas mudanças temporariamente empolgantes – que são, na verdade, um retrocesso na sua jornada –, o dia em que a morte chegar vai ser o fim da sua viagem e o fim da sua vida.

Eu fiquei por muitos anos nesse movimento incerto entre a crise e alguma novidade ou mudança superficial que me trazia uma satisfação passageira e me jogava de volta para a... crise.

Mudei de marido, mudei de país, fiz um mestrado, na volta para o Brasil mudei de cidade, de chefe e de colegas de trabalho, mudei de casa mais ou menos a cada ano e meio, depois mudei de emprego e de novo mudei de cidade, mudei de carro, mudei, mudei, mudei. Sem nunca mudar, contudo, aquilo que no fundo eu sabia que era o verdadeiro problema.

Naquele momento, na praia, em que entendi que começar em um novo emprego traria apenas uma empolgação temporária, finalmente tomei coragem para deixar morrer aquilo que precisava morrer.

Na visão de mundo antigo, a morte era apenas a metade de uma longa existência. Os sábios apontavam o encontro e o confronto com a morte como o tema central da vida, e falavam da necessidade do homem de morrer e renascer para ser capaz de reconhecer a realidade.

A única solução para sair desse ciclo vicioso de crise e falsa empolgação é o desapego autêntico, é reconhecer e se despedir de forma consciente daquilo que chegou ao fim. É aceitar essa "morte" de braços abertos.

E, como já diziam os antigos sábios, se você morre antes de morrer, não morrerá quando morrer.

É claro que dá medo estar nesse momento da vida. É assustador!

Mas a forma como você se aproxima dessa experiência e quanto você a deixa te tocar é o que vai definir quão enriquecedora ela vai ser. Se conseguir se entregar com desapego a essa fase que se apresenta, você vai descobrir que a proximidade da morte aumenta o respeito pela vida.

O medo é um bom, é um ótimo sinal. Porque ele significa que você chegou a um momento essencial da sua jornada. Você está prestes a se desapegar de tudo o que não te serve mais e renascer uma pessoa mais autêntica.

E quanto mais você for você mesmo, mais próximo está do seu propósito de vida.

Quando você consegue passar pela "morte" do ego no seu caminho de autoconhecimento, você se redescobre uma parte do todo, de onde nunca se separou verdadeiramente e para onde um dia vai voltar. Você se dá conta de que é como uma onda que se descolou do mar temporariamente, mas que, em algum momento, vai retornar para o mesmo lugar de onde veio.

E é justamente abraçar de coração aberto essa "morte" no meio da sua vida que te permitirá a "imortalidade".

É irônico, mas aceitar a morte desse "personagem" que, no fundo, não é você vai finalmente te permitir se transformar naquilo que você nasceu para ser, deixar de ser uma semente e desabrochar.

É essa "morte" que vai te permitir estar vivo.

O medo de fracassar

Muitos dos fracassados na vida
são pessoas que não se deram conta
de quão perto estavam do sucesso
quando desistiram.
THOMAS EDISON

Mesmo que você esteja sendo totalmente autêntico e seguindo o seu coração, não existe nenhuma garantia de que ele o levará sempre para o caminho certo. Pelo contrário, a grande verdade é que muitas vezes seu coração o levará para o lugar errado.

Ainda assim, é importante que você entenda que não existem fracassos, somente resultados. Tudo o que você faz produz um resultado, e, se não é o que você queria, você pode mudar as suas ações e, assim, produzir novos resultados.

Se você não bater em muitas portas erradas antes, não reconhecerá a porta certa nem que ela esteja bem na sua cara.

Como você já sabe, logo depois que fui demitida e resolvi que não mais voltaria para o mundo corporativo, montei uma agência de marketing com um dos meus melhores amigos. Foi um grande erro. Enorme.

Por vários motivos: eu não estava seguindo a minha paixão, e sim a do meu amigo. Aquilo era o que *ele* sabia fazer com o pé nas costas, não eu. E, para completar, embora tivéssemos um monte de clientes, se algum dinheiro entrou naquela empresa, não veio parar no meu bolso.

Mas, por outro lado, aqueles meses trabalhando com marketing me deram muitas das ferramentas que seriam essenciais para começar o meu próprio negócio e também me deram a base para me aprofundar sobre marketing on-line.

Do mesmo jeito que há diferentes conceitos de sucesso e você deve encontrar o seu, há diferentes conceitos de fracasso e você, também, deve definir o seu. Você tanto pode escolher enxergar o "fracasso" como o fim do mundo e a prova de que você é um bosta quanto pode escolher olhar para o resultado que não foi o que você esperava como a grande oportunidade de aprendizado que ele sempre é.

Você pode optar por aprender a lição que aquele resultado te traz, e nunca o deixar te paralisar. Tem lições sobre nós mesmos que nunca aprenderíamos se não fosse errando. Por exemplo, o "fracasso" nos ajuda a descobrir quão fortes nós somos e quem são os nossos verdadeiros amigos.

Em 1985, Steve Jobs foi demitido da Apple. Preciso dizer mais?

O medo de dar certo

Certa vez, atendi um cliente norte-americano que estava de passagem pelo Brasil depois de três meses atravessando a América do Sul em uma motocicleta.

A viagem dele terminaria em breve, na Argentina, e ele voltaria para sua casa nos Estados Unidos. O problema é que ele não tinha a menor ideia do que faria depois que chegasse lá.

Ele tinha muitas opções, porque era um sujeito bastante talentoso, mas um dos possíveis projetos logo me chamou a atenção. Isso porque, caso ele o levasse adiante, havia um potencial impacto positivo para todo o sistema de saúde mundial. O que significava que ele podia ajudar a salvar milhares de vidas.

Logo ficou claro, também, que esse projeto era o único pelo qual ele se mostrava verdadeiramente apaixonado. Então por que ele ainda tinha dúvida?

Perguntei o que aconteceria se o projeto fracassasse. Haveria uma perda financeira e também seria uma decepção, claro. Mas concluímos que tudo era recuperável.

Investigando, então, o que ele acreditava que aconteceria se o projeto fosse bem-sucedido, descobrimos que ele não gostava de receber muitos elogios – e isso seria inevitável – e, pior ainda, temia que, ao permitir que milhares de pessoas vivessem muito mais do que a atual expectativa de vida no mundo, ele de alguma forma desequilibrasse a vida na Terra.

Ou seja, ele acreditava que o sucesso do projeto tinha potenciais consequências muito piores do que o seu fracasso. Não era de se surpreender que ele estivesse empacado!

Quantas vezes você já deixou de fazer algo que era muito importante para você? Há grandes chances de que, nessas ocasiões, você tenha deixado de agir não por medo de fracassar, mas exatamente por medo de ser bem-sucedido.

Muita gente associa dar certo com inveja e perda de amigos e pessoas próximas, que se sentiriam por baixo por causa do sucesso. Existe até mesmo uma superstição de que o sucesso ou a felicidade vão atrair tragédias e toda sorte de coisas negativas. O que acontece, como resultado dessas crenças, é a autossabotagem.

Que existirá alguma dose de inveja e críticas quando seguirmos a nossa paixão é um fato. Falo mais disso no subcapítulo de "Críticas". Mas, se você se permitir atingir todo o seu potencial e brilhar, você estará dando a muitas outras pessoas a permissão para brilhar também.

Como disse a autora Marianne Williamson: "Quando nos libertamos do nosso próprio medo, a nossa presença automaticamente libertará outros".

O que ter um filho me ensinou sobre o medo

Em julho de 2008, fui habilitada para adoção de duas crianças de sexo, idade e raça indiferentes, com até 7 anos. Como podia engravidar, não fazia questão de um bebê e tinha certeza de que o Fórum nunca me entregaria um.

No dia da minha habilitação, a psicóloga do Fórum me ligou para dar os parabéns e me deu uma previsão de espera de 2 anos e meio para a adoção.

Corta para quinze dias depois. Quinze. Estou no meu trabalho e, por volta de duas da tarde, recebo uma ligação. É a assistente social:

– Oi, Paula, temos um bebê de menos de um mês disponível para adoção, você quer conhecê-lo?

– Menos de 1 ano?! – perguntei, surpresa.

– Não, menos de UM MÊS.

Três horas depois, eu tinha um filho de vinte dias.

Meu filho veio pra casa com a roupa do corpo, sem sequer uma chupeta ou mamadeira. Como eu não esperava um bebê, não tinha absolutamente nada. O que as mães biológicas normalmente têm nove meses para planejar, comprar e preparar, eu tive que resolver em uma hora.

Na época, um monte de gente me falou: "Nossa, você é muito corajosa!" (que, aliás, é a mesma coisa que eu escuto hoje sobre ter largado tudo e mudado de vida).

Mas agora vou contar um segredo pra vocês: eu MORRI de medo.

Na primeira noite, sem berço, coloquei meu filho pra dormir em um *futton* e fiquei acordada a noite toda olhando, apavorada que ele caísse. No dia seguinte, morri de medo de dar o primeiro banho, mas dei. No outro, cortei as unhas dele em pânico.

Na época da adoção, eu morava em São Paulo, enquanto toda a minha família e meus amigos moravam no Rio de Janeiro. Naquele momento, eu estava fisicamente afastada da maioria das pessoas que, em tese, poderiam me ajudar.

Por mais que aquelas coisas fossem apavorantes, elas precisavam ser feitas. Ponto. Alguém precisava cuidar daquele bebê, e esse alguém era eu.

Ter um filho me ensinou que coragem não é a ausência de medo, mas a força que te move a agir mesmo assim. É saber que tem outra coisa ainda mais importante que o medo.

Descubra o que é verdadeiramente importante pra você e você vai vencer qualquer tipo de medo.

Queime os barcos

Em 1519, Hernán Cortés e mais seiscentos espanhóis, dezesseis cavalos e onze barcos, chegaram a um vasto planalto, o México. Eles estavam prestes a conquistar um império que guardava um dos maiores tesouros do mundo: ouro, prata e joias preciosas astecas.

Mas Cortés tinha seiscentos homens, sem armaduras, para conquistar um território tão extenso que sua proposta seria, nos dias de hoje, considerada suicida. Especialmente se pensarmos que, na história da humanidade, conquistadores com muito mais recursos do que ele fracassaram.

Por esse motivo, Cortés optou por uma estratégia diferente assim que chegou à terra dos astecas. Em vez de partir imediatamente para a batalha, ele ficou na praia e fez discursos motivacionais para seus homens. Mas foram três palavras de Cortés que mudaram a história do Novo Mundo: "Queimem os barcos".

Sem a alternativa de voltar para seus barcos, os homens de Cortés tinham apenas duas opções: morrer ou vencer.

A estratégia funcionou e Cortés se tornou o primeiro homem a conquistar o México. Alguns historiadores disputam a história sobre a destruição dos barcos, mas essa estratégia já tinha sido usada no passado para garantir a vitória.

Mil anos antes, Alexandre, o Grande, também teria queimado seus barcos depois de chegar à Pérsia. Com isso, seus homens se comprometeram com a vitória sobre os persas, que estavam em maior número.

Alguns livros de história também mencionam que outros gregos usavam essa mesma estratégia em batalhas aparentemente impossíveis.

A ideia era simples: eliminar a noção de recuar da cabeça dos soldados e fazer com que eles se comprometessem totalmente com a vitória. A derrota não era uma opção.

Sem ter como voltar para casa vivos a não ser vencendo a luta, os soldados apresentavam um comprometimento mais forte.

Hoje nós vivemos numa cultura permeada por opções, incluindo a de "reiniciar" e "desfazer". Queremos, para tudo, ter um plano de escape. Mas, em certos momentos da vida, o que precisamos é ir em frente.

Se não queimamos os barcos e sempre deixamos espaço para recuar, também permitimos a hesitação, o medo, a autossabotagem e a resistência.

Quando sucesso e fracasso são as únicas alternativas, você não tem escolha a não ser ir até o fim.

Se os barcos estão queimados, você está totalmente comprometido. Seu coração e sua mente estão 100% focados, sem distrações. Sem olhar para trás.

Por alguns dias, depois que saí do meu último emprego, considerei seriamente embarcar mais uma vez no mundo corporativo, aceitar um novo trabalho em uma empresa diferente, garantir o meu salário anual de seis dígitos e, enquanto isso, tentar outras possibilidades em paralelo.

Mas me dei conta de que tinha passado os últimos 10 anos da minha vida só pensando nessas outras possibilidades, sem nunca ter verdadeiramente me comprometido com nenhuma delas. Sem nunca ter tentado para valer. Sem nunca ter dado uma chance a mim mesma e ao meu sonho.

Por isso, resolvi queimar meus barcos. Decidi não ter nenhuma alternativa a não ser vencer. Minhas economias foram ficando menores a cada dia. Tique-taque, tique-taque. Acabou a minha zona de conforto, e isso não é fácil. Mas nada me forçou a agir tão rápido e a ter resultados tão positivos quanto a necessidade de sobrevivência. Eu precisava conseguir. Era o único caminho. E eu sabia que daria certo.

Force-se a agir queimando os barcos. Inscreva-se para aquela prova se você quer voltar a estudar. Marque sua mudança para uma cidade nova antes mesmo de encontrar um apartamento. Compre aquela passagem. O medo desaparece quando você se dá conta de que ele não pode te salvar.

Ao queimar os seus barcos e declarar para si mesmo que não tem volta, você vai parar de olhar para trás e encarar as possibilidades à sua frente com mais clareza e comprometimento.

Queime os barcos, um novo mundo te espera.

EXERCÍCIOS

1 Pense em outros momentos, no passado, em que você sentiu medo. Como você reagiu?

_____
_____
_____
_____

2 Lembre-se de quando venceu o medo. Lembre-se de quando se entregou ao medo e desistiu. Como essas diferentes reações fizeram você se sentir?

_____
_____
_____
_____

3 Como você se sente hoje em relação às situações citadas na pergunta anterior? E quanto às suas reações? E quanto ao medo? Você ainda teria medo nessas situações? Agiria diferente?

_____
_____
_____
_____

4 Reconheça o seu medo, analise-o até o detalhe: o que você pensa, sente, escuta?

_____

_____

_____

_____

_____

5 Pergunte-se: "E se eu não fizer nada?". (Se você está acima do peso hoje, por exemplo, provavelmente terá problemas de saúde em 10 ou 20 anos, se não fizer nada...)

_____

_____

_____

_____

_____

6 Pergunte-se: "E se eu fracassar? Como vou me recuperar?".

_____

_____

_____

_____

7 Pergunte-se: "E se eu for bem-sucedido?".

_____

_____

_____

_____

_____

8 Qual é o custo das oportunidades perdidas caso você deixe de agir por causa do medo?

_____
_____
_____
_____
_____
_____
_____

9 Quais são as suas alternativas? Quais são todas as potenciais consequências? Uma das grandes causas do medo é justamente o desconhecido. Quanto mais você pensar sobre tudo o que pode acontecer, mais você tira o poder do medo.

_____
_____
_____
_____
_____
_____
_____

10 Pense no pior cenário possível. Uma das perguntas mais impactantes para mim no livro _Trabalhe 4 horas por semana_ (Planeta, 2017), de Timothy Ferriss, é: "Se você for atrás dos seus sonhos e der de cara no chão, no pior cenário, quanto tempo vai demorar para você se recuperar?". A resposta é: provavelmente menos do que você espera. Provavelmente você conseguiria se recuperar totalmente em apenas alguns meses. O medo de alguns meses difíceis é forte o suficiente pra te manter em uma situação medíocre indefinidamente?

_____

_____

_____

_____

_____

11 Entenda melhor os benefícios do fracasso. As lições que você pode aprender fracassando vão te fazer crescer, ainda que você perca financeiramente. Como já escreveu Paul Graham: "Gerentes em grandes empresas preferem contratar alguém que tentou abrir uma empresa e fracassou a contratar alguém que passou o mesmo tempo trabalhando para uma grande empresa".

_____

_____

_____

_____

_____

12 Tenha um plano B ou um fundo de contingência (falo mais sobre isso no subcapítulo sobre "Dinheiro").

_____

_____

_____

_____

_____

13 Comece a agir. Como dizia Robert McKain, "ação precede motivação". Dê um primeiro passo, ainda que pequeno, e coloque as forças do Universo em movimento a seu favor. A sensação de dever cumprido mesmo com um passo bem pequeno costuma ser imensa e incentiva o próximo passo. E o próximo.

_____
_____
_____
_____
_____
_____

Para seguir se aprofundando, assista:

Como respirar quando se está com medo

Medo: você está se afogando?

Como se superar com o exemplo da Byron Katie

2. PROCRASTINAÇÃO

*A jornada de mil milhas
começa com um passo.*
LAO TZU

Como se não bastasse toda a hesitação, autossabotagem e resistência, o medo nos leva também à procrastinação, que foi uma das maiores queixas dos leitores na minha pesquisa.

Eu passei mais de 10 anos pensando que tinha que fazer alguma coisa para mudar a minha vida e sempre adiando dar o primeiro passo em direção a uma mudança que fosse profunda e verdadeira.

Durante esses 10 anos, inventei para mim mesma toda sorte de desculpas. Criava novos prazos que eram sempre adiados, e qualquer coisa que estivesse acontecendo na minha vida era motivo para deixar o sonho para depois: pós-graduação, mestrado no exterior, mudanças de apartamento, de cidade, de país, processo de adoção, filho pequeno, emprego novo. Nunca parecia ser o momento mais adequado.

O momento em que finalmente resolvi mudar foi, teoricamente, um dos menos adequados em toda a minha vida: eu não tinha mais casa própria, não tinha mais um salário de seis dígitos, não tinha mais marido, tinha um filho pequeno para sustentar sozinha e estava vivendo com um custo fixo altíssimo.

Durante os meus mais de 10 anos de considerações, eu sabia o que queria fazer – escrever – e sabia o que não queria mais fazer, mas não conseguia dar o primeiro passo.

Não era preguiça, porque, apesar de não estar fazendo o que gostaria, eu também não estava no sofá vendo televisão e comendo salgadinho.

Pelo contrário, eu estava trabalhando até dezesseis horas por dia e me especializando cada vez mais no que era a minha segunda opção. Gastei quase quatrocentas horas da minha vida fazendo uma pós-graduação. Gastei outros trezentos dias fazendo um mestrado no exterior. Fora as muitas e muitas horas de leituras e estudo, além do investimento financeiro nisso tudo.

Eu não era preguiçosa. O que me impedia de viver a vida que eu sempre quis – e o que provavelmente te atrapalha também – era uma coisinha do tamanho de uma amêndoa...

O cérebro réptil, ou alguém pegue um chinelo, rápido!

Muitas pessoas sabem o que fazer,
mas poucas realmente fazem o que sabem.
Saber não é o bastante! Você precisa agir.
ANTHONY ROBBINS

Certa vez, a revista *New Yorker* publicou uma matéria contando a historinha de dois homens pré-históricos, Ig e Og, que saíam para caçar. Primeiro, os dois encontravam um arbusto cheio de frutinhos vermelhos, e Ig, todo feliz e faminto, ia logo comendo tudo o que podia.

Enquanto isso, Og, também faminto (como todos os caçadores naquele tempo), colhia desconfiado os frutinhos e colocava em sua cestinha (ou bolsinha, ou sei lá que diabos os homens da pré-história usavam pra carregar suas tralhas, mas, para não termos pesadelos de noite, vamos combinar que não era uma pochete).

Quando Og chegava em casa, finalmente comia os frutinhos e via que eram bem gostosos.

Em outro dia, Ig e Og avistavam uma caverna, e, mais uma vez, lá se ia Ig, todo curioso, ver o que tinha dentro, enquanto Og ficava do lado de fora, só observando. Dentro da caverna, Ig encontrava muitos e muitos ossos. De resto, a caverna estava vazia.

Seguindo em sua caminhada, os colegas escutavam um barulho vindo de trás de uma árvore, e, enquanto Og parava assustado e ficava olhando de longe, Ig ia lá ver o que era. Não era nada, só impressão.

Contudo, em outro dia qualquer, pode ser que os frutinhos sejam venenosos, que dentro da caverna haja um urso bravo e que o barulhinho atrás da árvore seja uma cobra, um tigre ou um javali. E nesse caso, amigo, Ig estaria em apuros.

A conclusão do artigo era que somos todos filhos de Og. O porquê Darwin explica: Og tem muito mais chances de disseminar seus genezinhos tímidos, medrosos, desconfiados e assustados por aí.

O que nosso amigo Og disseminou com seus genes tem nome: amígdala cerebral, também conhecida como *lizard brain*, ou cérebro reptiliano. É a parte mais primitiva do cérebro, que controla o corpo humano e é pré-verbal, usando química e sinais elétricos para dizer ao nosso corpo o que fazer.

Todo o nosso funcionamento de rotina é comandado dos bastidores pelo cérebro reptiliano, automaticamente, e, graças a isso, não precisamos nos preocupar com coisas básicas e essenciais como inspirar e expirar ou os batimentos do nosso coração.

Acredite, se fosse possível alguém morrer porque se "esqueceu" de respirar, você certamente não estaria lendo este livro: eu, com minha memória RAM praticamente nula, seria a primeira a capotar.

Além das funções básicas do corpo humano, a reação do cérebro reptiliano é sempre limitada ao seguinte: correr, atacar, fugir ou procriar. Ou seja, sobreviver.

Mas o cérebro reptiliano tem milhões de anos. Ele existe desde o homem das cavernas. A noção de "sobrevivência" e "perigo" dele é baseada em uma sociedade totalmente diferente daquela em que vivemos hoje.

Naquele tempo, não havia a medicina avançada, a tecnologia, a informação científica amplamente disseminada, os planos de saúde e seguros de vida que existem hoje.

Ou seja, por mais bem-intencionado que seja o nosso cérebro reptiliano, na grande maioria das vezes ele não é o melhor dos conselheiros. A nossa necessidade do cérebro reptiliano nos dias de hoje é muito menor do que nos tempos de Ig e Og.

O meu cérebro reptiliano volta e meia me diz que eu sou uma escritora meia-boca – afinal, como posso ser boa em algo que gosto tanto de fazer? – e que estou dando uma de guru quando devia ficar quietinha no meu canto. O meu cérebro reptiliano quer que eu me encaixe na sociedade, fique na minha e não chame a atenção de ninguém.

O seu cérebro reptiliano é igualzinho. Ele tem medo de tudo o que pode te diferenciar, tudo o que pode te colocar em qualquer tipo de situação que, para ele, seja um "risco". O plano dele para você é que você nunca corra riscos, fique quietinho no seu canto, de preferência, invisível. São e salvo. Sem graça.

Até que um dia você morra de causas naturais. Sem nunca ter verdadeiramente curtido a sua vida ou sido feliz, mas isso é só um detalhe de menor importância para o cérebro reptiliano.

Se você escutar a voz do seu cérebro reptiliano, você vai deixar de fazer o trabalho incrível que quer fazer e de ser a pessoa incrível que pode ser.

Ao contrário do cérebro reptiliano, o neocórtex é uma área bem mais recente do nosso cérebro. Enquanto o cérebro reptiliano faz julgamentos rápidos e vê tudo muito preto no branco, o neocórtex foi construído para análises mais complexas e sofisticadas, fluência verbal e inovação.

Na próxima vez que o seu cérebro reptiliano te aconselhar a adiar uma atividade, agradeça mentalmente pela preocupação do bichinho – afinal, um dia ele pode salvar a sua vida se você estiver no Pantanal frente a frente com uma onça! – e coloque o neocórtex para trabalhar imediatamente, analisando a questão de forma racional e mais sofisticada.

EXERCÍCIOS

1 Os candidatos à SEAL da Marinha norte-americana são submetidos a um teste. São colocados debaixo d'água, respirando por um snorkel, e devem desatar um nó. A certa altura, a entrada de ar é bloqueada. O cérebro reptiliano se desespera com o risco de morte, naturalmente, e a grande maioria dos candidatos nada para a superfície. Apenas ficam debaixo d'água – e são aprovados no teste – aqueles que conseguem colocar o objetivo (desatar o nó) acima das mensagens recebidas pelo cérebro reptiliano. Eles ainda sentem medo, claro, mas não focam o medo: colocam o objetivo acima dele. Estabeleça qual é o seu objetivo.

_____

_____

_____

_____

_____

_____

_____

_____

2 Para reduzir o "risco" envolvido no seu objetivo, divida-o em vários passos menores, que gosto de chamar de "microssucessos". De preferência, tarefas de quinze a trinta minutos. Tarefas menores reduzem o grau de incerteza e risco aos olhos do cérebro reptiliano, que consegue visualizar o final da atividade. Além disso, quanto mais microssucessos você estabelecer no seu plano de ação, mais pequenas vitórias você vai conquistar, e mais rápido, o que vai manter você motivado e em movimento.

---

3 Pergunte-se por que você quer fazer o que o cérebro reptiliano está te impedindo de fazer. Enumere os benefícios que você vai obter se executar o seu projeto. Sucesso? Dinheiro? Felicidade? Liberdade? Todas essas são coisas das quais o cérebro reptiliano também gosta muito. Mostre a ele que o resultado das suas ações vai ser benéfico para você. Se vocês estiverem alinhados, você vai conseguir silenciar o cérebro reptiliano.

Pare de apertar o *snooze* interno

Arte moderna = Eu poderia
fazer aquilo + É, mas você não fez.
CRAIG DAMRAUER

Outra causa de procrastinarmos é a busca da perfeição: o momento perfeito, as condições perfeitas, a preparação perfeita. Você até sabe o que quer fazer e quais são os passos que deve dar para atingir a paz, realização e felicidade, mas espera seus filhos crescerem, ou conseguir um emprego novo, ou conseguir se preparar melhor, ou, ou, ou.

O perfeccionismo é a busca de um padrão de qualidade altíssimo, é exigir de si mesmo uma atuação sem falhas.

Se você abomina a ideia de ser qualquer coisa que não seja perfeita, isso naturalmente gera ansiedade e estresse. E pode até mesmo despertar o cérebro reptiliano, se você entender que qualquer coisa abaixo da perfeição é uma derrota e que os outros vão te julgar por isso – ou seja, que você vai chamar a atenção negativamente, que é tudo o que o cérebro reptiliano quer evitar.

Além disso, aguardar até tudo ser perfeito gera procrastinação. E aí fica você apertando o seu botão de soneca interno sem parar enquanto espera que todos os planetas, estrelas e asteroides se alinhem para começar a agir.

Como já disse o cartunista Hugh MacLeod, "encontrar alguém que escreveu uma obra-prima no verso de um cardápio de restaurante não me surpreenderia. Encontrar alguém que escreveu uma obra-prima com uma caneta de bico de pena Cartier em uma escrivaninha de antiquário em um loft arejado do SoHo me surpreenderia seriamente".

Não, você não precisa de uma mesa de desenho. Você não precisa de um MacBook Pro. Você não precisa de tintas importadas. Você não precisa alugar um chalé nas montanhas nem uma sala com vista para o verde para se inspirar.

A hora de começar é agora. Os detalhes você vai acertando no caminho.

—— EXERCÍCIOS ——

Para substituir a procrastinação por um outro hábito que não seja prejudicial aos seus planos, faça os exercícios a seguir (sim, eles funcionam também para substituir qualquer outro tipo de hábito prejudicial):

1 Quais são os benefícios desse comportamento para você?

_____

_____

_____

_____

_____

_____

_____

2 O que mais você ganha fazendo isso?
(Continue se perguntando até que você tenha uma lista completa de todos os benefícios diretos e indiretos que você obtém como resultado do comportamento.)

_____

_____

_____

_____

_____

_____

3 Qual desses benefícios você quer manter?

4 De que outro jeito você pode atender a essa mesma necessidade e gerar esse mesmo benefício?

Depois de avaliar as perguntas e respostas, faça uma lista de todas as outras formas possíveis de atingir os mesmos resultados benéficos para si mesmo, eliminando a procrastinação. Selecione os novos comportamentos que você pode adotar para substituir a procrastinação.

Pratique a procrastinação produtiva

Um outro jeito de vencer a procrastinação é usá-la a seu favor e transformá-la em fonte de produtividade. Sim, é possível!

A primeira coisa que você pode – e deve – fazer é estar sempre trabalhando em vários projetos ao mesmo tempo. Assim, quando ficar de saco cheio de trabalhar em um deles, você pode pular para o outro. Quando ficar cansado do outro, você pode voltar para o primeiro.

Não é necessário que todos esses projetos sejam relacionados ao seu trabalho, ou que sejam projetos com algum resultado financeiro. Podem ser hobbies, projetos pessoais, projetos filantrópicos, projetos secretos que ninguém mais sabe que existem.

Enquanto escrevo este livro, estou escrevendo artigos esparsos para três publicações diferentes, trabalhando no meu site novo que vai ao ar em breve, preparando roteiros para os meus próximos vídeos, compondo músicas novas que talvez ninguém vá ouvir, escrevendo no meu caderninho de gratidão diariamente, desenhando, fazendo um curso on-line sobre educação à distância na Georgia Tech, estudando a Teoria da Relatividade e Física Quântica, fazendo mil outras coisas.

Quando me canso de escrever, pulo para qualquer uma dessas outras atividades e, embora esteja "procrastinando" para terminar de escrever este livro, estou ao mesmo tempo produzindo outras coisas. Que, por sua vez, uma hora também vão me cansar e vão jogar a minha atenção de volta para... este livro.

Funciona que é uma beleza.

Outra forma de procrastinação produtiva é usar o seu tempo de ócio para reunir inspiração para o seu projeto. Por mais que você queira ser original, tudo o que produz é inevitavelmente uma mistura daquilo que você escolhe deixar entrar na sua vida, das suas influências. Das coisas que você lê, da arte que observa, da música que escuta, dos sites em que busca informação.

Quando sentir que está procrastinando, volte a sua atenção para ativamente buscar essas influências, essas fontes de inspiração. Colecione ideias, fotos, trechos de livros, frases, qualquer coisa que possa futuramente fazer parte da atividade que você está adiando no momento.

E se você não conseguir fazer nem mesmo isso, se permita ficar entediado. Faça coisas que você considera entediantes. Lave a louça. Vá ao supermercado. Dê uma caminhada. Arrume a gaveta de meias.

Às vezes, a criatividade precisa de uma soma de tempo livre e tédio para se manifestar.

Para seguir se aprofundando, assista:

Dicas para desempacar

Life Admin Day – Como organizar sua vida

3. DINHEIRO

No dia em que publiquei no meu blog o trecho deste livro sobre o meu dia perfeito, grande parte dos comentários perguntava como eu estava conseguindo dinheiro para pagar as minhas contas. Da mesma forma, quando perguntei qual era o maior obstáculo que impedia meus leitores de realizar seus sonhos, o dinheiro surgiu como uma das maiores preocupações.

Como passei muitos anos no mundo corporativo e saí dele com uma indenização no bolso, e também como na mesma época reduzi, e muito, o meu custo de vida, eu tinha uma reserva financeira que me permitiu não precisar de um novo emprego imediatamente e poder passar algum tempo dando uma chance ao meu sonho.

Para quem não tem uma reserva, um parceiro ou uma família que possa dar apoio financeiro, ou uma indenização do mundo corporativo, o caminho para viver do que ama passa por dois passos importantes: revisar seu estilo de vida e começar a gerar receita com a sua paixão para criar a reserva necessária.

Como a simplicidade mudou
a minha vida

O preço de qualquer coisa é
a quantidade de vida que você troca por ela.

HENRY DAVID THOREAU

Por muitos e muitos anos, tomei todas as decisões da minha vida baseada em um conceito de sucesso que, no fundo, não era meu. Pautava minhas escolhas pela obtenção de bens materiais. Eu vivia pulando de desejo em desejo, passava dias e noites pensando em como conseguir comprar a próxima bolsa, o próximo sapato, mais livros.

Sempre que um novo desejo surgia, eu ficava verdadeiramente obcecada. Lia revistas, pesquisava na internet e, dependendo do objeto do meu desejo, gastava horas e horas conversando com outros loucos consumistas em fóruns sobre aquele produto específico, qual modelo comprar, onde adquirir e milhares de outros detalhes que faziam daquela mera compra um grande evento.

Muitas das minhas viagens mais incríveis foram parcialmente desperdiçadas dentro de lojas, comprando pilhas e pilhas de coisas de que eu não precisava. Os roteiros, algumas vezes, eram baseados no que eu queria comprar, e não no que queria ver daquela nova cidade ou novo país. Agora me parece inacreditável, mas na época me parecia a coisa mais normal do mundo. A maioria esmagadora das pessoas nos ambientes que eu frequentava agia exatamente da mesma forma.

Enquanto isso, durante mais de 10 anos, eu sabia que não estava feliz naquela carreira, que não estava cumprindo o meu papel no mundo, mas não conseguia mudar. Porque, toda vez que eu pensava em abandonar a advocacia, meu primeiro pensamento sempre era: impossível! Como vou conseguir pagar por todas essas coisas?

A simplicidade foi uma das coisas que surgiu para mim só depois que resolvi jogar tudo para o alto e seguir os meus sonhos, o meu verdadeiro propósito de vida.

Pensando na citação de abertura deste capítulo, de repente me dei conta de que aquelas coisas todas estavam me saindo um bocado mais caras do que eu pensava. Elas não me custavam apenas dinheiro. Elas me custavam tempo, paz, sonhos, felicidade. Elas me custavam a realização do meu propósito de vida.

Finalmente caiu a minha ficha: eu tinha passado a vida toda trabalhando em uma coisa que não me realizava para poder pagar por coisas das quais eu não precisava e que não me traziam felicidade.

Declarei para mim mesma que queria uma vida mais simples e, a partir daquele momento, comecei a me desfazer de uma porção de coisas supérfluas que tinha amontoado em casa ao longo de anos e anos. Ao mesmo tempo, parei imediatamente de comprar novas coisas, a não ser que elas fossem realmente necessárias para mim. Indispensáveis.

Na sequência, comecei a questionar por que eu tinha passado tantos anos da minha vida achando que precisava daquelas coisas todas. O que elas diziam sobre mim? O que eu queria que elas dissessem? Por que eu tinha dado a elas uma importância tão grande, maior até do que a dos meus maiores sonhos e paixões?

A verdade é que todas aquelas coisas passavam – ou eu pretendia que elas passassem – a imagem de uma mulher independente, poderosa, "bem-sucedida" (pena que segundo conceitos alheios de sucesso!).

Mesmo quando eu desconfiava que tudo aquilo estava me custando mais caro do que o mero preço na etiqueta, eu me convencia de que eu "merecia" um carro grande, ou uma bolsa cara.

Me lembro de muitas vezes, diante de uma coisa estupidamente cara, pensar: "Ah, mas eu trabalho tanto! Eu mereço me dar isso!".

O que eu não enxergava é que eu merecia muito mais: eu merecia ser eu, merecia ser feliz.

A escolha consciente por uma vida mais simples foi fundamental para viabilizar que eu ficasse um tempo sem ganhar dinheiro – e vivendo das minhas economias. Ao repensar quais das minhas despesas eram realmente necessárias, cortei minhas contas pela metade. Com isso, a mudança de vida que eu desejava tanto ficou muito menos "impossível". Porque eu já não precisava fazer tanto dinheiro quanto achava antes.

O que eu ganhei com isso foi recuperar a minha liberdade. E a liberdade é o maior bem do ser humano.

Lembro de ter lido uma declaração de José Mujica, o ex-presidente do Uruguai, que resumia muito bem todas as minhas conclusões: "Sou chamado 'o presidente mais pobre do mundo', mas eu não me sinto pobre. Pessoas pobres são as que trabalham somente para manter um estilo de vida caro, e sempre querem mais e mais. Essa é uma questão de liberdade. Se você não tem muitas posses, então não precisa trabalhar toda a sua vida para sustentá-las, e então tem mais tempo para si mesmo."

Eu, assim como o presidente mais pobre do mundo, não me sinto pobre. Pelo contrário, meu novo estilo de vida me permite ser rica em um recurso que, ao contrário do dinheiro, é não renovável: tempo.

EXERCÍCIOS

Rever o seu estilo de vida é um exercício difícil, mas essencial para você descobrir quanto está preparado para uma vida nova mais autêntica e com propósito. Para fazer essa transformação, você precisa rever as suas escolhas e, mais importante, entender que elas são exatamente isso: escolhas. Pagar IPVA, seguro, combustível, manutenção e estacionamento – entre outras coisas – para ter um carro é uma escolha. Sair para jantar no restaurante caro em vez de cozinhar em casa é uma escolha. Ter TV a cabo em casa é uma escolha.

Responda para si mesmo, com a maior honestidade possível, as seguintes perguntas:

1 Quanto você quer poder viver da sua paixão em vez de fazer dinheiro de uma forma que não te agrada, te entedia ou simplesmente não te inspira?

---

2 Reveja o seu extrato bancário e de cartão de crédito do mês passado. Você está comprando coisas para se "compensar"? Você está fazendo compras por impulso?

---

3 Você gasta o seu dinheiro em coisas que são realmente importantes para você? São coisas que te trazem felicidade ou apenas te distraem da sua infelicidade cotidiana?

_____

_____

_____

_____

_____

_____

_____

_____

_____

_____

4 Quais das suas despesas atuais você poderia cortar para transformar em liberdade?

_____

_____

_____

_____

_____

_____

_____

_____

_____

_____

Transformando o plano B no plano A

Pode ser que somente a decisão de simplificar a sua vida não seja suficiente, em um primeiro momento, para possibilitar uma "grande virada radical". Mas você não precisa necessariamente de uma grande virada radical para mudar a sua vida.

Um passo menos radical do que largar seu emprego e se jogar no desconhecido é começar a fazer dinheiro – ainda que pouco, no início – com a sua paixão.

Muita gente sente arrepios ao pensar em ganhar dinheiro fazendo aquilo de que gosta. Está tão enraizado na gente o conceito de que não podemos viver daquilo que amamos que, inconscientemente, sentimos um certo mal-estar com a mera ideia de fazer isso.

Para fazer dinheiro com a sua paixão, a primeira coisa que você precisa entender e aceitar é que também se pode fazer dinheiro com sinceridade, com autenticidade, com vontade de fazer o bem, com a sua verdade interior. Fazer dinheiro não significa que você seja trapaceiro ou enganador, ou que esteja explorando ninguém. Pelo contrário, se estiver ouvindo o seu coração, você certamente estará ajudando outras pessoas.

Depois de entender isso, o que você precisa descobrir é a interseção entre a sua paixão, aquilo que você adoraria fazer todos os dias e faria até de graça, e o que o mundo precisa, ou seja, o que outras pessoas te pagariam para fazer.

As suas paixões que não tiverem essa interseção não devem ser deixadas de lado, claro, mas elas provavelmente se tornarão – ou continuarão sendo – hobbies.

Descobrir essa interseção passa por você se perguntar como a sua paixão pode ajudar outras pessoas. Que tipo de problemas alheios você pode resolver? (Note que até mesmo entreter os outros é, de certa forma, "resolver um problema" – resolve o tédio alheio –, e pode vir a ser remunerado, sim).

Você precisa, portanto, identificar uma necessidade no mercado e definir como vai comunicar a esse mercado que você pode ajudar, que você tem talento, que o que você oferece vale o dinheiro dos seus potenciais clientes.

Você pode, também, optar por oferecer o seu serviço de graça por algum tempo ou para um grupo de pessoas, tanto para testar se você é realmente capaz de suprir de forma competente essa demanda identificada, quanto para obter experiência – caso esteja mudando de área de atuação, por exemplo.

É importante, também, que você comece a pensar fora da caixa. Muitas vezes, a sua paixão pode te dar mais fontes de renda do que você está enxergando.

Quando eu comecei a escrever meu blog, passei, em seguida, a escrever este livro. Achava que não ganharia um centavo enquanto ele não estivesse pronto.

Enquanto isso, alguns amigos e leitores, inspirados pelo que eu estava escrevendo, começaram a me pedir conselhos sobre como descobrir suas paixões, como transformar isso em um negócio, como encontrar motivação para se exercitar e mudar de vida.

Comecei a fazer isso de graça e, quando menos imaginava, me vi ganhando dinheiro para dar sessões de coaching a estranhos, a ponto de ter que limitar a quantidade de clientes que aceitava para não deixar de ter tempo para escrever.

E, inesperadamente, foi como coach – e não como escritora – que eu fiz o meu primeiro dinheiro depois de abandonar minha carreira como advogada.

Também antes de este livro estar pronto, criei com uma amiga estilista uma linha de camisetas baseadas em frases minhas. Ou seja, no meu processo de transformação, eu abandonei várias crenças limitadoras – algumas minhas, outras alheias –, como, por exemplo, que "não se ganha dinheiro escrevendo", ou que "escritor só ganha dinheiro com livro", e resolvi testar outros caminhos.

Busque informação, leia livros sobre como ganhar dinheiro fazendo o que você gosta, descubra como preparar o seu plano de negócios, tudo isso vai ser extremamente importante. Mas, ao mesmo tempo, é essencial que você comece a testar a sua ideia, se permita inovar, crie mais de uma fonte de renda se for possível.

Abra a porta da sua "lojinha" mesmo antes de estar totalmente pronta. Se você está pensando em um negócio on-line e escolheu um blog como o seu canal de comunicação com o público, comece a escrever e vá conquistando seus leitores, encontrando a sua turma, formando a sua tribo em torno da sua paixão. Se você quer vender bolos caseiros, coloque literalmente a mão na massa e comece a oferecer provas dos seus produtos aos amigos e parentes e, em seguida, comece a vender, mesmo antes de ter uma linda e perfeita lojinha.

Algumas coisas poderão dar errado, mas você estará aprendendo com elas. Lembre-se de que não há fracasso, e sim resultados!

Outra coisa importante é que, quando dá um primeiro passo, você manda para o Universo um sinal claro de que está pronto para essa nova etapa da sua vida. E, como eu digo, o Universo sempre responde. Novas pessoas e novas oportunidades vão aparecendo na sua vida, você passa a ter novas ideias, muitas peças do seu quebra-cabeças pessoal começam a se encaixar magicamente.

Tanto com o dinheiro que você economizar depois de rever o seu estilo de vida quanto com o que ganhar oferecendo seus produtos e serviços enquanto ainda está trabalhando no seu emprego atual, vá criando o seu "fundo de transição", até que seja possível transformar o seu plano B no novo plano A da sua vida.

Para seguir se aprofundando, assista:

Vida simples: não complique

Detox de dinheiro – Memória antiga

Revés financeiro – 3 passos para sair do buraco

Educação financeira – Coisas que não aprendemos na escola

4. TEMPO, TEMPO, TEMPO, TEMPO

*Sacrifique a imortalidade do eu
e descubra a imortalidade de
tudo o que existe.*
KEN WILBER

O tempo – ou a falta dele – é outro dos grandes obstáculos das pessoas que querem fazer novas escolhas em busca de uma mudança de vida.

A forma como a gente vê e vive o tempo influencia a forma como tomamos decisões importantes e, por consequência, toda a nossa vida.

A habitualidade de certas coisas faz a gente ter a impressão – equivocada – de que essas coisas são eternas. Mas a verdade é que a gente nunca sabe quando algo que consideramos eterno pode acabar.

Eu, por exemplo, nunca imaginei que poderia ser demitida de uma empresa que tinha ido atrás de mim em outro estado, sem que eu sequer tivesse enviado currículo ou estivesse procurando emprego. De uma hora para outra, me vi em uma situação inesperada.

Um único instante no tempo mudou completamente a minha vida.

O tempo como você aprendeu

Quando você era criança, o tempo era uma coisa cíclica. Normalmente, ele girava em torno das "grandes datas do ano", como o Natal ou o seu aniversário. Uma hora você estava longe dessas datas, e depois estava perto.

Nesse ciclo, que é uma forma mais primitiva e natural de se ver o tempo, as coisas acontecem aparentemente sem progresso, como, por exemplo, os eventos da natureza – estações do ano, dia e noite, os ciclos da Lua, os movimentos das marés.

Mais tarde, você passou a viver o tempo de forma linear, cronológica. Ou seja, em vez de um ciclo, você passou a ver o tempo como uma linha reta que progride sempre para a frente – em direção ao futuro –, ainda que a gente não tenha muita ideia de quando essa reta vai terminar, ou mesmo se ela termina.

A sua expectativa das "grandes datas" se rompeu e o seu ano passou a ter começo, meio e fim. Essa linearidade e esse progresso também se observam na natureza, como no envelhecimento do ser humano ou no amadurecimento das frutas.

Com isso, você passou também a medir o tempo como quantidade, e aprendeu que ele é limitado. Mas você ainda era jovem, então esse limite ainda era uma coisa muito distante.

De repente, você foi ficando mais velho, e, que coincidência!, o tempo foi passando cada vez mais depressa. Conscientemente ou não, você começou a ter mais noção da escassez do tempo, o tal "limite" foi ficando mais evidente e, com o perdão da expressão, a água bateu na bunda.

Aí você começou a tentar vencer o tempo. Fazer cada vez mais coisas e mais rápido, espremer mais atividades na rotina e viver o mais depressa possível, "economizar" tempo de toda forma.

De nada adianta, porque, como já dizia Cazuza, o tempo não para.

E quando você pensa em quantos anos te restam, quando faz contas e calcula o seu saldo de vida – mesmo incluindo uns aninhos de "bônus" –, você se dá conta de que, ainda que viva muito, mas muito mesmo, o fim vai chegar.

Mas, se tiver embarcado na sua jornada em busca de si mesmo, você vai começar a perceber que não se deve medir o tempo em quantidade, e sim em qualidade.

Só importam a intensidade e a profundidade do que você vive. Quanto você vive é só um detalhe.

Reaprendendo o tempo

A forma como medimos o tempo hoje foi criada apenas no século XIV, quando os relógios de torre foram construídos e espalhados pelo continente europeu, dando espaço a uma forma de tempo comum ou padronizado. Antes disso, instrumentos primitivos como relógios solares e ampulhetas não eram tão úteis nem se mantinham atualizados com o tempo.

É importante se lembrar disso para lembrar, também, que o modo como dividimos o dia – em horas, minutos e segundos – e o modo como medimos o tempo, portanto, são apenas uma convenção.

Você certamente já reparou que, quando está fazendo algo que ama ou com alguém que ama, o tempo passa mais rápido, e, quando está fazendo alguma tarefa tediosa ou está com uma pessoa chata, o tempo parece passar mais devagar ou nem passar.

Isso acontece porque, no primeiro exemplo, você está no que eu chamo de "estado de paixão", e para de prestar atenção no tempo.

Pensar no tempo de forma linear, como você foi educado a fazer, te afasta dos ciclos naturais da vida.

Pensar na vida em ciclos em vez da forma linear favorece a mudança, porque não estamos dando "um passo para trás", mas sim iniciando um novo ciclo. Não há uma direção – para a frente – na qual precisamos seguir.

O físico Albert Einstein concluiu que a medida do tempo transcorrido depende do observador. O tempo, segundo Einstein, não é nem absoluto nem objetivo. Esse conceito é contraintuitivo para nós, claro, até porque ele tem implicações que não são perceptíveis para as velocidades encontradas nas nossas vidas diárias.

Uma das conclusões que decorrem dessa descoberta de Einstein é que um evento pode estar no passado para um observador e no futuro para outro.

Assim, tanto o passado quanto o presente e o futuro são ilusões.

E, se não existe passado nem futuro, não tem como o nosso tempo ser uma linha reta, apesar da sensação que temos por enxergá-lo de forma linear.

E o que é ainda mais importante: se não existe essa relação linear entre o passado, o presente e o futuro, podemos nos desfazer da crença de que qualquer coisa tem consequência sobre a outra.

O físico Julian Barbour defende que precisamos nos livrar da ideia do tempo como uma coisa, porque ele não existe.

Infelizmente, explicar toda a história do tempo e os avanços da física no seu estudo é uma tarefa impossível para este livro. O importante é que você enxergue que o tempo, na forma como você o vê hoje, é apenas uma convenção.

Reaprenda o tempo. Livre-se da noção linear de começo-meio-fim. Brinque com o tempo. Ele não é tão real quanto você pensa.

Pequena grande lição sobre gerenciamento de tempo

Uma das perguntas que eu mais ouço – e sempre ouvi – na vida é: "Como você arruma tempo para fazer tudo isso?". E uma das queixas que eu mais escuto dos meus leitores e clientes é: "Eu queria muito fazer xyz, mas não tenho tempo!".

Certa vez, em Nova York, logo depois de terminar meu mestrado, fui assistir a uma palestra de uma advogada americana que falava sobre as mulheres e a vida profissional.

REAPRENDA O TEMPO.
LIVRE-SE DA NOÇÃO LINEAR
DE COMEÇO-MEIO-FIM.
BRINQUE COM O TEMPO.
ELE NÃO É TÃO REAL QUANTO
VOCÊ PENSA.

Vale explicar que um advogado em Nova York trabalha uma média de doze a dezesseis horas por dia. A mulher era casada, tinha filhos, era sócia de um escritório grande e era considerada uma profissional muito bem-sucedida.

Em determinado momento, alguém perguntou para ela se era possível ter tudo: carreira, filhos, vida acadêmica, hobbies, um casamento bacana.

Nunca me esqueci da resposta: "A gente pode, sim, ter tudo na vida. Desde que a gente entenda que não dá para ter tudo ao mesmo tempo, o tempo todo".

Quando escrevi meus dois outros livros, eu trabalhava ainda em um grande escritório de advocacia. No segundo, para piorar a situação, já tinha adotado meu primeiro filho, ele tinha só seis meses e eu não tinha uma babá durante a noite. Como consegui?

Simples: acordei às cinco da manhã todos os dias e escrevi por uma hora, até que tivesse terminado. Se foi fácil? Claro que não. Mas o resultado valeu a pena, e eu faria tudo de novo.

Alguns anos depois, em 2011, eu resolvi que queria começar a correr. Meu primeiro filho já tinha mais de 2 anos e eu tinha que acordá-lo às 6h30 da manhã e arrumá-lo para a escola. Depois disso, tinha que ir para o trabalho, de onde chegava só de noite. Como consegui?

Simples: acordei às cinco da manhã todos os dias e, às 5h15, já estava na pista do Aterro dando minhas passadas. Também não foi fácil, principalmente porque eu comecei a correr no inverno e saía de casa supercedo, muitas vezes, em temperaturas bem baixas para os padrões cariocas. Mas valeu a pena, a corrida mudou a minha vida.

Nesses dois exemplos, eu abri mão de uma hora de sono para fazer algo que, para mim, naquele momento da minha vida, era mais importante.

Isso não significa que você precisa dormir menos. Aposto que, se parar para refletir, você vai encontrar desperdício de tempo ao longo do seu dia, ou no mínimo tempo gasto com coisas que têm menos prioridade do que as suas paixões.

Se você assiste a uma novela, aí está pelo menos uma hora que pode recuperar e redirecionar para a sua paixão. Se você verifica o seu e-mail, Instagram, Twitter ou outras redes sociais mais de três vezes ao dia, aí está mais uma hora (ou mais!) que você pode recuperar também.

Se a sua intenção for começar um negócio on-line, saiba que você precisa de, pelo menos, duas horas por dia de dedicação para começar. Vasculhe o seu dia para encontrar essas duas horas.

Desconecte-se. Reduza o fluxo de informação do "mundo convencional" tanto quanto puder. Jornal, tv, internet, blogs, revistas: corte, corte, corte.

Em um mundo em que somos bombardeados por informação todos os dias, só vai se destacar quem descobrir o que precisa ser ignorado para que aquilo que realmente importa receba a devida atenção.

Não se pode ter tudo ao mesmo tempo, o tempo todo. Então, pergunte-se e decida: "O que é a sua prioridade hoje?".

(E se você preferir a novela a viver a sua maior paixão todos os dias, ai, ai, solta já este livro e pode voltar para o sofá...)

O uso criativo do seu tempo

Tudo bem, eu sei que tem algumas pessoas que já não assistem à televisão, não dormem muito, não têm muitas horas de lazer por semana, nada. E, mesmo assim, essas pessoas não têm duas horas livres por dia para começar um negócio próprio. E aí?

Se você trabalha em tempo integral hoje, é muito provável que termine o seu trabalho em menos tempo do que as quarenta horas semanais regulamentares exigidas. Mas você precisa estar lá, fazer o chamado *face time*.

Isso é extremamente comum no mundo corporativo. E é por isso mesmo que você não quer ficar nele para o resto da sua vida.

A verdade é que muitas vezes você termina a sua lista de pendências para aquele dia de trabalho muito antes de as portas entrarem no automático e você poder ir para casa. Por algum motivo que me escapa por completo, se você pedir para ir embora, o seu chefe vai achar que você está desmotivado, ou simplesmente maluco mesmo.

E aí o que você faz?

Você abre o seu e-mail pessoal, responde tudo, até corrente da sua tia-avó, lê as notícias do dia em cinco sites diferentes, flana pelo Instagram por horas, conversa com os amigos no WhatsApp, faz sua lista de supermercado e muito mais, até soar o gongo e você poder ir embora.

Ou seja, enquanto a sua paixão está esperando que você tenha tempo suficiente para transformá-la em um negócio rentável – para, entre outras coisas, você poder escapar desse emprego-que-te-mata-por-dentro-aos-poucos –, você está perdendo tempo no... emprego-que-te--mata-por-dentro-aos-poucos.

Já vi várias discussões on-line sobre se seria ético ou não trabalhar no seu negócio paralelo enquanto está no seu emprego. Eu, pessoalmente, só comecei a trabalhar no meu "emprego dos sonhos" depois que já tinha caído fora do mundo corporativo (talvez pelo simples motivo de que a ideia nunca me ocorreu). Mas esse é um julgamento ético para cada um fazer sozinho, e a ideia desse capítulo é só mostrar um entre vários caminhos.

Não podemos nos esquecer de que estamos falando do seu emprego-que-te-mata-por-dentro-aos-poucos. E que, se você está no mundo corporativo, é muito provável que o importante seja você chegar cedo, sair tarde e, nesse meio-tempo, estar aparentemente bem ocupado.

Esse emprego consome a maior parte das suas horas acordado, e as chances de que você chegue em casa totalmente imprestável para qualquer outra atividade são grandes – seja porque está fisicamente cansado ou porque está mentalmente estressado.

E se você não tem mesmo, mesmo, mesmo nenhuma atividade que possa cortar da sua semana para ter algumas horinhas livres para o seu negócio paralelo, bom, dar um jeito de encaixar seu negócio paralelo durante o expediente é uma alternativa. Às vezes, escapar do emprego-que-te-mata-por-dentro-aos-poucos requer jogo de cintura e muita, muita criatividade para otimizar o seu tempo.

Embora eu nunca tenha usado essa tática, penso que, desde que você esteja entregando tudo o que a empresa espera de você – e de repente até um pouco mais –, não me parece má ideia.

Só não diga para ninguém que fui eu que sugeri. Vou negar até a morte.

Para seguir se aprofundando, assista:

Você está cometendo este erro?
Pare agora mesmo!

Como ser criativo

5. CRÍTICAS

*O que quer que aconteça em volta de você,
não leve para o lado pessoal...
Nada que os outros fazem é por causa de você.
É por causa deles mesmos.*
DON MIGUEL RUIZ

Sempre que decidimos mudar algo na nossa vida, devemos estar dispostos a sermos impopulares. É a disposição de lutar por aquilo em que a gente acredita, os nossos próprios valores e crenças, ainda que sejam contrários aos da sociedade convencional.

A coragem necessária para ser impopular vem justamente da nossa crença de estar cumprindo o nosso propósito pessoal e de estar fazendo aquilo que a gente quer.

Se você fizer o que quer, com certeza vai agradar a pelo menos uma pessoa.

Ao mesmo tempo, ao ser autêntico e fiel a si mesmo, você sempre vai arriscar ofender pessoas. Perder relacionamentos. Ser criticado.

Eu perdi amizades, perdi um amor e ouvi palavras bastante cruéis. Ainda assim, nunca pensei duas vezes na minha decisão. Desde que decidi mudar de vida, sempre estive disposta a ser impopular.

O que é engraçado, porque, em grande parte da minha infância e adolescência, a impopularidade era um pesadelo, e tudo o que eu queria era me encaixar e não me destacar, ser diferente ou ser julgada.

Hoje em dia, penso exatamente o oposto: abraço confortavelmente a ideia de ser diferente. Não porque queira chamar a atenção, mas porque quero ser autêntica e fiel à minha natureza única, a meus valores e minhas crenças. Quero viver uma vida incrível e motivar as pessoas em volta de mim a fazerem o mesmo.

E, abraçando a minha singularidade de tal forma que não ligo para ser impopular, eu encontrei a liberdade na sua forma mais pura. É tão menos trabalhoso simplesmente ser eu e, se alguém não gostar, entender e aceitar que aquela pessoa e eu simplesmente não vibramos na mesma intensidade e não precisamos forçar um relacionamento que vai ser ruim para ambos.

Seja como um rio, ou o incrível poder de não dar a mínima

Ninguém pode te fazer se sentir inferior sem o seu consentimento.

ELEANOR ROOSEVELT

Buda disse: "Alguém pode jogar uma tocha em chamas dentro do rio. Ela permanecerá acesa até atingi-lo. No momento em que ela cai no rio, todo o fogo se vai – o rio a esfria. Eu me tornei um rio. Você lança agressões contra mim. Elas são fogo quando você as lança, mas, no momento em que elas me alcançam, na minha calma, seu fogo se perde. Elas não machucam mais. Você lança espinhos – caindo em meu silêncio eles se tornam flores. Eu ajo a partir de minha própria natureza interior".

Certa vez, um namorado passou uma tarde inteira me insultando com toda sorte de xingamentos e impropérios, falando o que ele achava de mim, do que eu escrevia – que ele nunca tinha lido, aliás –, dos meus leitores, dos meus projetos, das minhas amizades. Acredite, não eram coisas boas.

Eu, calmíssima, pedia exemplos, questionava o fundamento dos comentários, e isso parecia irritá-lo ainda mais. Até que, a certa altura, ele disse:

– Eu não consigo acreditar! Eu estou há horas te destruindo e você ainda está pedindo mais!

Olhei tranquilamente para ele e disse:

– Não, não, você não está me destruindo. Você está só me dando a sua opinião sobre mim. Eu tenho a minha própria opinião sobre mim. Respeito a sua, mas não preciso dela para saber quem eu sou. E, até onde eu me lembro, nunca te dei o poder de me destruir. Nem a você, nem a ninguém.

Se isso tivesse acontecido antes da minha mudança de vida e da minha jornada em busca de mim mesma, eu talvez tivesse ficado abalada com algumas das coisas que ouvi naquele dia.

Mas, a partir do momento em que eu descobri quem sou, e a partir do momento em que minhas escolhas e minhas decisões passaram a ser pautadas nessa minha verdadeira natureza que desvendei a muito custo e com muito trabalho, qualquer opinião que ele – ou qualquer outra pessoa – tiver sobre mim será apenas isso: uma opinião. Não me identifico com ela e não tenho a menor necessidade de responder, de agredir, de brigar.

Quanto mais firme você estiver sobre quais são os seus próprios valores, crenças e paixões, mais você se sentirá como um rio e maior será o seu poder de não dar a mínima para as críticas.

Não é você, sou eu

"Como você vai pagar as suas contas?"

"Como o pobrezinho do seu filho vai viver sem Discovery Kids?"

"O quê? Você vai se mudar pra um apartamento menor?"

"Acho que você está louca."

Desde que comecei a escrever meu blog falando das mudanças na minha vida, recebi muitas mensagens de incentivo tanto de amigos quanto de desconhecidos. Mas também ouvi muitas vezes os comentários anteriores ou outros parecidos. Que, várias vezes, são feitos com um quê de agressividade, até.

É comum que as pessoas não entendam que, quando muda alguma coisa na sua vida, você não está necessariamente criticando ou questionando essa mesma coisa na vida de ninguém.

Quando comecei a escrever sobre as minhas mudanças, meu propósito não era forçar ninguém a fazer as mesmas alterações, mas inspirar e incentivar as pessoas a fazerem qualquer tipo de transformação que achassem importante ou necessária.

Em uma história que publiquei no blog certa vez, uma leitora resolveu tomar as rédeas da própria saúde e do próprio corpo e começou uma dieta e exercícios para perder peso, depois de bater os 135 kg, inspirada pelas mudanças que eu vinha fazendo na minha vida, mesmo que fossem muito diferentes das que ela havia decidido fazer.

Quando você muda, e quanto mais você é você mesmo, as pessoas ao seu redor também se sentem motivadas a mudar – mesmo que em outras áreas da vida –, como se a sua mudança estivesse lhes dando a permissão que faltava para também arriscar. Você mostra a elas que o impossível talvez-quem-sabe não seja tão impossível assim.

Mas, quando você começa a mudar a sua vida, algumas pessoas se sentem criticadas e questionadas no próprio estilo de vida.

Imagino que se estivessem bem felizes e satisfeitas com as próprias escolhas, não se incomodariam, mesmo que, de fato, estivessem sendo criticadas ou questionadas. Porque, quando uma pessoa é verdadeira com a sua natureza interior e vive uma vida autêntica, não se incomoda com as críticas, por mais agressivas que sejam. Essa pessoa vira um rio.

O problema é que a sua mudança – qualquer que seja ela – mostra a quem está em volta que existe uma escolha. E quem está insatisfeito com a própria vida – ainda que não se dê conta disso no dia a dia– fica com aquela sensação amarga de que está fazendo escolhas ruins. E parte para o ataque.

Para esses casos, há algum tempo adotei uma expressão que li em um blog sobre minimalismo e adorei: "Não é você, sou eu".

Se eu quero doar as minhas coisas e viver com menos, é porque está me incomodando ter tantas posses, tanto acúmulo desnecessário, gastar tanta energia cuidando e mantendo tudo isso de que eu, no fundo, não preciso. Não quer dizer que eu ache que os outros devam se desfazer dos seus bens. "Não é você, sou eu".

Se eu quero fazer arte (escrever, tocar piano, fazer música, pintar...) é porque isso faz bem pra mim, faz parte da minha vida desde que eu tinha 3 anos de idade, está no meu DNA, me faz feliz. Pode ser que o que te faz feliz seja pular de paraquedas – o que eu, por exemplo, provavelmente não faria, porque tenho medo de altura –, ou ter cinco cachorros, ou ir pra uma praia de nudismo. Ninguém é obrigado a ser artista. "Não é você, sou eu".

Se eu gosto de comer legumes, verduras, frutas, pratos coloridos e balanceados (e olha, eu também adoro uma pizza de vez em quando ou uma pipoca vendo filme), não quer dizer que estou criticando quem come todo dia no rodízio da churrascaria ou esquenta uma lasanha congelada no micro-ondas depois do trabalho. "Não é você, sou eu."

E, por fim, se eu escolhi não ter mais carro e andar pela cidade de bicicleta, metrô, ônibus, táxi e a pé, não significa que eu ache que todo mundo deve fazer isso. Para algumas pessoas, não é nem viável. "Não é você, sou eu."

Grandes mudanças e grandes ideias sempre encontram grande oposição de mentes pequenas.

Quando você esbarrar nelas, diga sempre: "Não é você, sou eu".

Escolha suas companhias

Você é a média das cinco pessoas
com quem passa mais tempo.
JIM ROHN

Mesmo que você esteja superseguro de quem você é e do que deseja para a sua vida, e mesmo que você seja como um rio quando as críticas lhe são lançadas como tochas em chamas, é bom prestar atenção se essas críticas vêm sempre das mesmas pessoas.

Sempre que possível, os relacionamentos tóxicos devem ser eliminados. Ou, quando isso for impossível, o contato deve ser reduzido ao mínimo. Tentar mudar o que as outras pessoas pensam sobre você é um exercício cansativo, desgastante e, no fim das contas, inútil.

Por mais que você esteja sendo fiel à sua natureza interior e esteja seguro de estar no caminho certo, é importante que se cerque de pessoas que acreditam nos seus sonhos e te dão força, apoio e inspiração.

A dica de sucesso do ator e diretor Harold Ramis é: "Encontre a pessoa mais talentosa na sala, e, se não for você, vá ficar do lado dela. Passe um tempo com ela. Tente ser útil".

O escritor Austin Kleon completa essa ideia dizendo que "se você descobrir que é a pessoa mais talentosa da sala, você precisa encontrar outra sala".

Escolha seus pensamentos

Cuidado com os seus pensamentos, eles se tornam palavras.
Cuidado com as suas palavras, elas se tornam ações.
Cuidado com as suas ações, elas se tornam hábitos.
Cuidado com os seus hábitos, eles se tornam o seu caráter.
Cuidado com o seu caráter, ele se torna o seu destino.
Autor desconhecido, apesar de algumas vezes atribuído a Frank Outlaw, Lao Tzu e outros

Muitas vezes, as críticas não são externas, mas vêm de dentro da gente mesmo. Nesses casos, precisamos "destralhar" a mente e reprogramar nossos pensamentos.

A neuroanatomista Jill Bolte Taylor, que conta no livro *A cientista que curou seu próprio cérebro* como se recuperou de um derrame que por um tempo paralisou o lado esquerdo do seu cérebro, criou uma expressão que adotei para a vida: o Pequeno Comitê de Merda.

Basicamente, é um grupinho bem pequeno de neurônios cujo maior talento é explorar padrões de pensamento que são nocivos para nós. Como, por exemplo, ficar remoendo crenças e pensamentos negativos.

Se prestarmos atenção, conseguimos identificar algumas "vozes conhecidas" dentro desse pequeno comitê. Você pode identificar nele coisas que já ouviu dos seus pais, professores, ou daqueles amigos--com-muitas-aspas-por-favor com especial talento para críticas destrutivas.

É superfácil se esquecer de que esse pequeno comitê existe e se deixar levar pelo malandrinho. Mas, se ficarmos atentos, dá para mandar um sonoro "cala a boca!" na hora em que ele se manifesta.

Mas como pegar o Pequeno Comitê de Merda no flagra e dar um sumiço nele, no melhor estilo jagunço-da-novela-das-oito?

A autora Marie Forleo diz que pensamentos negativos, como o medo de não ser bom o suficiente ou de ser uma fraude, funcionam como protetores de tela automáticos que aparecem quando a gente se desconecta de si mesmo, ou quando fica "inativo" como a tela de um computador em que se passa muito tempo sem escrever nada.

A solução é ficar novamente "ativo", ou seja, voltar ao trabalho. Ficar atento ao momento presente evita que esses pensamentos preencham a nossa cabeça.

Na próxima vez que você notar que o seu Pequeno Comitê de Merda está fazendo uma festinha de pensamentos negativos, dê aquela mexidinha básica no mouse: volte ao momento presente, se dedique a um projeto, se torne novamente ativo.

Os pensamentos não têm vida própria. Quando eles pipocam na sua tela mental, você tanto pode se identificar com eles e se entregar a eles, como você pode simplesmente observá-los, testemunhar a sua existência e deixá-los ir embora.

Escolha, conscientemente, pensamentos que vão te impulsionar na direção dos seus sonhos.

Para seguir se aprofundando, assista:

Dica infalível antiestresse

Como lidar com a opinião alheia quando tomamos uma decisão difícil

Como lidar com pessoas negativas

Como lidar com julgamentos

VI

E AGORA?

O trabalho em busca de uma vida melhor nunca termina. Estamos sempre mudando e devemos periodicamente avaliar e rever nossos valores, nosso conceito de sucesso e felicidade, nossas crenças limitadoras e as decisões importantes na nossa vida.

Se você leu este livro e fez todos os exercícios propostos, acredito que você tenha hoje um mapa da mina para seguir a sua paixão – que agora você sabe melhor qual é – e o caminho das pedras para dar os primeiros passos nessa direção.

Agora, produza tudo aquilo que você gostaria que existisse. Pinte a arte que você gostaria de apreciar, toque a música que gostaria de ouvir, escreva o livro que gostaria de ler (este aqui é o que eu gostaria de ter lido assim que saí do mundo corporativo!), abra a empresa em que gostaria de trabalhar, crie o produto que gostaria de comprar.

Mude o mundo naquilo em que você acha que ele deve ser diferente.

Os obstáculos vão surgir. Não só os que mencionei aqui, mas muitos outros. Quanto mais certeza você tiver de quem é e do que quer para a sua vida, menores vão parecer esses obstáculos, e mais força e coragem você vai encontrar para superá-los. Porque você vai sa-

MUDE O MUNDO NAQUILO
EM QUE VOCÊ ACHA QUE ELE
DEVE SER DIFERENTE.

ber cada vez mais que precisa superá-los, uma vez que vai saber qual é o trabalho que você simplesmente não pode não fazer.

Quando chegar ao final dessa jornada, você vai estar sendo pago para existir. Não haverá mais desequilíbrio entre a sua vida pessoal e a sua vida profissional, porque você viverá de fazer aquilo que ama.

E o mais lindo de tudo: a sua mera existência servirá de exemplo, inspiração e motivação para todos que te cercam. Assim, a revolução silenciosa de que falei lá no começo deste livro vai continuar a crescer. Até que a gente esteja em um mundo onde todos sejam extraordinários.

1. O IMPOSSÍVEL É O NOVO NORMAL

Se alguém me dissesse, anos atrás, que hoje eu estaria trabalhando dentro da minha casa ou em qualquer outro lugar do mundo onde estivesse a fim de trabalhar, vivendo de escrever e ajudar pessoas a transformar as suas vidas para melhor, atendendo clientes em diferentes cidades e países via Skype e tendo uma vida tão "portátil" que posso me mudar pra Tailândia amanhã se quiser, eu com certeza teria dado risada e pensado: "Aham".

Nem mesmo nos meus mais ousados devaneios eu sonhei que poderia ser paga para simplesmente existir e fazer aquilo que, para mim, nunca pareceu "trabalho", e sim o meu maior prazer na vida. Nunca pensei que poderia voltar a ser tão livre quanto na infância.

Mas é exatamente o que estou fazendo.

Todos os dias, eu faço aquilo que mais amo, e faço muito. Eu escrevo – sejam artigos para o meu site, apostilas para um novo *workshop*, ou um novo livro – porque quero levar ao mundo a mensagem de que o impossível é possível. O impossível é o novo normal.

E o melhor jeito de acreditar que o impossível é possível é ver alguém fazendo o "impossível" bem ali, na sua frente. Eu sou esse alguém, e, amanhã, você também pode ser.

2. CELEBRE

Celebre mais. Admire-se com as pequenas coisas. Seja mais curioso e sensível diante de tudo. Abra-se para o mundo, deixe que a vida te invada. Descubra as grandes maravilhas à sua volta.

Seja como uma criança na praia: maravilhada com a sensação dos grãos de areia tocando os seus pés, correndo para a água, rindo quando uma onda te derruba, rolando, colecionando conchas coloridas.

Mantenha sempre a sua qualidade de criança, da admiração, da surpresa, de viver no momento.

A vida é surpreendente, é imprevisível. Curta isso. Você não tem nada a perder.

ABRA-SE PARA O MUNDO, DEIXE QUE A VIDA TE INVADA.

3. ESPALHE O AMOR

Se você gostou, curtiu, se informou, se inspirou, se motivou, cutucou a sua alma ou ressuscitou o seu coração com este livro, por favor, espalhe para o mundo!

Algumas formas de ajudar:

1   Mandar a sua opinião sobre este livro para paula@escolhasuavida.com.br, para que eu possa colocá-la no meu site (pode incluir um link para o seu site, Instagram, canal do YouTube ou Twitter, se quiser, eu adoraria ter uma foto sua para incluir com o seu testemunho);

2   Se você estiver superempolgado com o livro, faça um vídeo curtinho falando sobre como o *Escolha sua vida* foi útil para você e eu posso publicá-lo no site (idem sobre links, Instagram e Twitter);

3   Aliás, se você usa o Instagram ou o Twitter, poste as suas frases preferidas do livro, ou mesmo poste que está lendo ele, com a hashtag #escolhasuavida. Poste que todo mundo devia comprar um também. Que você leu de uma sentada só. Que mudou a sua vida!;

4   Mencione o livro no Instagram, no feed ou nos stories, com um link para www.escolhasuavida.com.br (e não esquece de me marcar – @escolhasuavida);

5   Me entreviste para o seu site ou blog, por e-mail, áudio ou vídeo;

6   Faça uma resenha do livro no seu site ou blog.

AGRADECIMENTOS

Muito embora a gente tenha que ser o nosso próprio Mestre na nossa jornada, sempre encontramos pessoas especiais que nos ajudam a passar pelos momentos difíceis, que tornam as cargas que estamos carregando mais leves pelo simples fato de estarem do nosso lado, que acreditam no nosso sonho junto com a gente, com brilho nos olhos, e não nos deixam esmorecer quando a nossa própria fé ameaça se desgastar.

Eu fui abençoada com a presença de muitas dessas pessoas, muitas mesmo. Acho que nem todos os agradecimentos do mundo seriam suficientes para demonstrar a minha gratidão, mas não custa tentar.

Agradeço ao meu filho Davi, um pequeno guru de 11 anos, que tinha apenas 4 anos quando publiquei este livro pela primeira vez, e que a cada dia me ensina tanto. Ao meu filho Theo, cuja chegada me fez escolher minha vida toda de novo. Ao Rodrigo, meu marido e parceiro de vida, que cuida de mim e da nossa família e me apoia em todas as minhas ideias malucas. À minha irmã Clarice, que também está nessa jornada. À minha mãe, que, diante da minha decisão de abandonar tudo, em vez de se desesperar, disse: "Isso, minha filha, acho que está finalmente na hora de você fazer algo por si mesma". À Cristina Soares, que mesmo de longe me apoiou em alguns dos momentos difíceis dessa caminhada (viva a internet!). Ao Alex Castro, pela amizade, pela paciência, pelos ensinamentos e pelos longos papos sobre a vida. Ao Alessandro Martins, à Fal Azevedo, ao Eduardo Amuri, à Martha Mendonça e ao Luiz Marcondes por terem saco de me ajudar com uma primeira leitura do livro. Ao Denison Caldeiron, que me ajudou a dar o tom certo em alguns trechos do livro e que não me deixou desistir de uma viagem que acabou sendo uma grande lição de vida. À Flavia Silva, que fez o meu primeiro site funcionar e que abraçou este projeto quando ele ainda era bem pequenininho. À minha atual equipe, que me permite estar em contato com a minha audiência em diversos canais, bem como servir meus milhares de alunos online com cada dia mais qualidade e amor. Aos meus clientes e alunos que dividem comigo seus projetos de vida e confiam na nossa parceria criativa.

E a você, que quer ser uma pessoa melhor e mudar o mundo. Estou torcendo de coração para você conseguir.

Boas escolhas!

Não se esqueça de acessar os conteúdos exclusivos:

Quer saber mais?
Posso te apoiar nos próximos passos.

instagram.com/escolhasuavida
youtube.com/escolhasuavida
escolhasuavida.com.br

Meus livros:

 Primavera eterna

 A aventura da adoção

 Buda dançando numa boate

FOTO: GUSTAVO OTERO

PAULA ABREU é uma das coaches e treinadoras de desenvolvimento pessoal com mais seguidores no Brasil, reconhecida internacionalmente.

Pioneira na educação on-line no Brasil, seus vídeos de desenvolvimento pessoal e espiritual já foram assistidos mais de 5,3 milhões de vezes. Mais de 165 mil pessoas já fizeram seus treinamentos on-line.

Saiba mais: escolhasuavida.com.br.

Fontes FREIGHT, PARADE
Papel PÓLEN SOFT 80 g/m²
Impressão GEOGRÁFICA